01 · January	02 · February	03 · March
☐	☐	☐
☐	☐	☐
☐	☐	☐

07 · July	08 · August	09 · September
☐	☐	☐
☐	☐	☐
☐	☐	☐

04 · April	05 · May	06 · June
	☐	☐
	☐	☐
	☐	☐

10 · October	11 · November	12 · December
	☐	☐
	☐	☐
	☐	☐

알아두면 쓸모 있는 세테크 상식사전

사장님 절세법

알아두면 쓸모 있는 세테크 상식사전
사장님 절세법

초판 1쇄 발행   2023년 2월 17일

지은이   최용규
발행인   곽철식

디자인   박영정
마케팅   박미애
펴낸곳   다온북스
인쇄   영신사

출판등록   2011년 8월 18일 제311-2011-44호
주소   서울시 마포구 토정로 222, 한국출판콘텐츠센터 313호
전화   02-332-4972   팩스   02-332-4872
전자우편   daonb@naver.com

ISBN 979-11-90149-96-9 (03320)

• 다온북스는 독자 여러분의 아이디어와 원고 투고를 기다리고 있습니다.
   책으로 만들고자 하는 기획이나 원고가 있다면, 언제든 다온북스의 문을 두드려 주세요.

알아두면 쓸모 있는 세테크 상식사전

TAX
사장님 절세법

최용규(택스코디) 지음

다온북스
DAON BOOKS

"20대 후반 초보 사장입니다. 얼마 전 식당을 창업했습니다. 개업 이후 세 달간은 하루도 안 쉬고 일만 했습니다. 그 덕에 매출은 꽤 올랐습니다. 문제는 전체적인 돈의 흐름을 아직도 파악하지 못하고 있다는 것입니다. 통장에 돈(매출액)이 수시로 들어오지만 그만큼 나가는 돈도 많습니다. 잔액이 남아 있어도 이를 어떤 명목으로 인식해야 할지 도무지 감이 안 잡힙니다. 1월에 부가가치세를 내야 한다는 사실도 최근에야 알았습니다. 규모가 커진 매출 덕에 돈을 잘 벌고 있단 착각으로 씀씀이는 커졌습니다.

열심히 노력해서 꾸준한 매출을 올리고 있으나 돈 관리는 전혀 안 되는 실정입니다. 매출 및 비용 관리가 미흡해 통장에 돈이 남아 있어도 불안하기만 합니다. 세금에 대한 정보나 인식도 부족합니다. 규모가 불어나면서 따라붙는 변동비에 대해선 예상을 못 해 영업이익도 파악하기 힘든 상황입니다. 특히 사업과 가계비용을 구분하지 않고 사업자 통장에서 신용카드를 사용하고 있습니다. 필요한 돈도 수시로 인출해 사용하고 있습니다."

대부분 초보 사장님은 위와 같이 사업을 시작하면 단기간에 매출을 올리는 데 주력하고 돈 관리에는 소홀합니다. 아무리 돈을 벌어도 부채가 늘고 체계가 잘 잡히지 않는 이유입니다. 번 돈을 적재적소에 쓰지 못하면 결국 돈이 새는 결과만 초래할 뿐입니다. 특히 작은 규모의 사업일수록 이런 위험은 더 크게 다가올 수 있습니다.

그리고 세금에 대해서 무관심합니다. 세금에 관해 알아야 하는 사람은 회사 내 재무팀, 회계팀 직원뿐만이 아닙니다. 사업을 하다 보면 세금에서 완전히 자유로울 수 없습니다. 부가가치세와 종합소득세는 자진 신고해야 하는 세금이라서 신고기한 숙지는 기본 중 기본입니다. 거래처에서 세금계산서를 받거나 발행하기도 하고, 출장을 다녀온 뒤 그동안 지출한 증빙을 첨부해서 결재를 받고, 직원에게 매달 월급을 지급할 때 원천징수하고, 이듬해에 연말정산을 해야 합니다. 이렇게 세금은 사업 전반에 영향을 끼칩니다.

세금을 계산하는 원리를 이해하면, 남들은 놓치는 공제항목을 하나라도 더 챙겨 받을 수 있습니다. 이것이 바로 사장님 절세의 시작입니다. 반대로 세금에 대해 모르면 개인도 기업도 위험 부담이 커집니다. 집을 사고팔기 전에 세금을 검토하는 것처럼 사업을 할 때도 철저히 세금을 분석하고 따져야 합니다.

이 책은 예비사업가, 1인 사업가, 중견 사업가 등 사업과 관련된 사람이라면 꼭 알아야 하는 세금, '종합소득세, 부가가치세, 원천세' 개념을 가장 쉽고 가장 빨리 터득하게 해줍니다. 그뿐만 아니라 돈 버는 회계 상식과 근로기준법, 급여 계산법, 4대 보험 실무까지 파악할 수 있도록 구성했습니다.

사업을 한다면 세금은 떼려야 뗄 수 없는 관계입니다. 떼기는커녕 오히려 가장 가까운 파트너로 함께 가야 합니다. 귀찮고 불편하다고 외면하다가는 폭탄이 되어 돌아올 수도 있기 때문입니다.

초보 창업자에게 사업자등록, 세금신고, 납부까지의 과정은 고난의 연속입니다. 어디서부터 시작해야 하는지, 제대로 하고 있는지에 대한 막막함은 꼬리표처럼 따라옵니다. 세무대리인에게 맡겨도 되지만, 수입이 적은 사장님이라면 이것마저 부담입니다.

재미 삼아 시작한 네이버 스마트스토어로 수익이 조금 발생하자 국세청에서 세무신고를 제대로 하지 않았다고 조사통지서가 날아올 수도 있고, 회사에서 업무상 필요경비로 처리하던 항목이 세법이 개정되어 경비처리 되지 않을 수도 있습니다. 이 책에서 말하는 기본 지식만 알아도 갑자기 날아드는 세금 고지서에 당황하지 않을 수 있고, 작은 실수가 큰 손실로 이어지는 위험을 막을 수가 있습니다. 본 책은 복잡하고 어려운 세금 문제를 가장 쉽고 빠른 길로 안내할 것입니다.

구성은 다음과 같습니다. 첫 번째 회계 파트에서는 관리 회계를 통해 정확한 손익분기점을 계산하는 방법을 설명하고 이익의 중요성에 대해 말합니다. 두 번째 사업자등록 파트에서는 사업자등록 전·후로 알아야 할 내용과 주의사항을 설명합니다. 세 번째 부가가치세 파트에서는 부가가치세 개념부터 계산법, 그리고 신고방법까지 알기 쉽게 안내합니다. 네 번째 종합소득세 파트에서는 세법상 비용의 구분과 처리개념을 설명하고 종합소득세 계산법과 그에 따른 절세법을 알려줍니다. 마지막 노무 상식 파트에서는 직원을 한 명이라도 채용하면 알아야 할 근로기준법, 급여 계산법, 4대 보험 등에 관해 친절히 설명합니다.

우리 모두 돈 벌기 위해 애를 쓰고 있습니다. 하지만 힘들게 벌어도 그 돈을 지키는 게 쉽지 않습니다. 힘들게 고생해서 키운 사업이 세금문제로 휘청이는 경우도 부지기수입니다. 세금 모르고 사업하면 망하기 쉽습니다. 세무대리인을 고용하고 있으니 신경 쓰지 않아도 된다고요? (과거의 저처럼) 세무대리인을 고용하고 있으니 절세가 될 거라는 생각은 버려야 합니다. 모르고 맡기기만 해서는 세금이 줄어들지 않습니다. 사장님이 세금에 대해 먼저 알고, 신고 대리한 내용을 정확히 검증하고 혹시 실수가 발견되면, 그들의 실수를 지적하고 고쳐나갈 때 절세는 이루어집니다. 힘들

알아두면 쓸모 있는 세테크 상식 사전 **사장님 절세법**

게 번 돈이라면 더욱더 효과적으로 사용해야 하지 않을까요.

〈알아두면 쓸모 있는 세테크 상식 사전 사장님 절세법〉이 돕겠습니다. 사장님의 건투를 빕니다.

2023년 2월

차례

PART 01
사장님이 알아두면 쓸모 있는 회계 상식

돈 버는 관리 회계를 이해하자

돈 버는 관리 회계를 실무에 활용하자

PART 02
사장님이 알아두면 쓸모 있는 세금 상식, 사업자등록

사업자등록 전 이것은 꼭 알고 하자

PART 04
사장님이 알아두면 쓸모 있는 세금 상식, 종합소득세

종합소득세 공식에 답이 있다

당신의 신고 유형은 무엇인가요?

PART 05
사장님이 알아두면 쓸모 있는 노무 상식,
근로기준법, 급여 계산, 4대 보험

숫자 5가 중요하다

사장님이
알아두면 쓸모 있는
회계 상식

돈 버는
관리 회계를
이해하자

매출은 커지는데,
왜 통장 잔액은
부족할까?

    현재 저의 모습은 전업 작가이지만, 과거의 저는 사업가였습니다. 2000년대 초반 화장품 도매업을 시작했고 신규 거래처를 만들기 위해 한창 영업에 빠졌습니다. 누구보다 영업은 자신이 있었고 움직인 만큼 거래처는 급격히 늘어났습니다. 신규 거래처를 개설해 물건을 납품하다 보니 매출은 가파르게 상승곡선을 그렸습니다.

    "계획대로 일이 잘 진행되는구나. 마흔이 되기 전에 꼭 부자가 될 거야."

    인터넷 중간판매 플랫폼 (G마켓, 옥션, 11번가 등)을 통해서도 화장품을 팔기 시작했습니다. 타 업체보다 물건을 싸게 판매를 하니 인터넷 판매를 통한 매출도 계속 상승했습니다. 매출이 커지니 자연스럽게 직원 수는 많아지고 재고 상품 또한 늘어났습니다.

"좋아, 이렇게 사업을 키우는 거야."

그런데 늘어난 직원의 월급을 맞추는 게 빠듯했습니다. 그래도 쌓여 있는 재고 상품을 바라보며 "저게 번 돈이야"라고 스스로 위로했습니다. 돈이 부족한 이유를 단순히 재고가 늘어났기 때문이라 생각하고 매출을 더 키우기 위해 매진했습니다.

그때 저는 매일 결산을 하지 않았고, 종합소득세를 신고하는 5월에 단 한 번 결산했습니다. 그마저도 제가 직접 하지 않았고, 세무대리인이 결산한 자료를 (제대로 이해하지도 못한 채) 대충 훑어보기만 했습니다. 오직 매출을 늘려 회사를 키워야 한다는 생각뿐이었습니다. 매출이 커지는 만큼 공장에 결제할 대금 또한 늘어났습니다. 그러다가 정한 날짜에 대금 지급을 하지 못하는 상황이 발생했습니다.

"여유 자금이 조금만이라도 있으면 좋겠다. 그러면 결제 대금 신경 쓰지 않고 사업에 더 집중할 수 있을 텐데."

알아두면 쓸모 있는 세테크 상식 사전 **사장님 절세법**

주저 없이 은행 문을 두드렸습니다. 신용도 괜찮았고 세무대리인이 대리 발급해 준 소득세 증명원 상의 금액도 적지 않았기에 대출은 쉽게 받을 수 있었습니다. 은행 직원이 대출이자에 관해 설명하는 데, 집중하지 않았고 들은 채 만 채했습니다.

"이자 금액이 많아 봤자, 몇 푼이나 된다고"

이 생각이 나중에 저의 발목을 잡게 될 줄은 그때는 미처 몰랐습니다. 생각보다 은행 대출은 어렵지 않았고, "지금 하는 사업이 은행에서도 인정해 줄 만큼 괜찮은 상태구나"라고 생각했습니다. 매출이 오르니 일시적으로 자금이 부족해졌고, 이렇게 은행에서 돈을 빌리고 다시 갚으면 된다고 단순하게 생각했습니다. 그날 이후 저는 돈이 부족하면 은행을 찾아갔습니다. 그러면 잠깐 숨통이 트였습니다.

열심히 노력한 끝에 연 매출 10억 원을 달성했습니다. 고생한 직원들에게도 성과급을 줄 만큼 10억 원이라는 금액은 상징적인 숫자였습니다.

고용한 세무대리인은 매년 매입장, 매출장을 보내 줬습니다. 알수 없는 숫자들의 나열인 장부는 보기가 싫었고, "그가 전문가니 알아서 잘 해줬겠지"라고 생각하고 한 번도 제대로 보지 않았습니다.

"그래, 세금은 전문가에게 맡기고 사업에 좀 더 집중을 해보자."

20억? 50억? 마음속으로 더 높은 매출을 올릴 생각뿐이었습니다.

알아두면 쓸모 있는 세테크 상식 사전 **사장님 절세법**

매출이
답이 아니었다

"매출이 답이 아니었구나."

이 사실을 인지할 무렵에는 자금 사정은 극도로 나빠졌고, 공장에 결제해야 할 외상 대금과 직원의 급여까지 제대로 못 주는 처지가 되었습니다. 여전히 회계, 세금에 대해서는 전혀 신경을 쓰지 않았습니다. 만약 타임머신이 있어 과거로 돌아갈 수 있다면 저는 세금과 회계 공부부터 하고 사업을 시작했을 것입니다. 만약 그랬다면 저는 성공한 사업가가 되었을지도 모르겠습니다.

사업 운영을 위한 '관리회계'에 무신경하고 매출만 늘면 수익이 떨어지지 않을 것이란 막연한 생각에 돈을 잘 벌고 있단 착시에 빠질 수 있습니다. 개인적 소비만 늘어나게 되는 셈입니다.

매출은 이익이 아니라는 사실부터 정확히 짚고 넘어가야 합니다. 손에 떨어지는 돈은 매출에서 비용을 제한 금액입니다. 광고비를 얼마나 늘려야 하는지, 인건비를 얼마나 부담해야 하는지, 어디서 비용을 줄여야 하는지, 세금 관련 준비는 어떻게 하는지 고민하기 전 기초가 되는 인식입니다. 매출만 불리는 게 무의미하다는 점을 깨달아야 한다는 뜻입니다.

번 돈과 벌기 위해 쓴 돈을 기록하고 정확한 원가를 계산해서 이익을 구하는 것은 어려운 일이 아닙니다. 이익을 구하기 위해서는 먼저 세법에서 인정하는 증빙을 수취하고, 그것을 토대로 장부에 기록해야 합니다. 그 얘길 해볼까 합니다.

사업을 하면 번 돈 (매출)과 벌기 위해 쓴 돈 (비용)이 발생합니다. 이익은 번 돈에서 벌기 위해 쓴 돈을 빼면 계산이 됩니다. 만약 운영하는 사업이 적자라면 매출보다 비용이 많이 발생했다는 것입니다.

이익 = 매출(번 돈) - 비용(벌기 위해 쓴 돈)

이익은 매출총이익, 영업이익, 경상이익, 세전 당기순이익, 당기순이익으로 구분됩니다. 우리가 흔히 말하는 순이익은 당기순이익을 말합니다.

재무제표의 손익계산서를 살펴보면 영업 외 수익과 비용, 특별 이익이나 특별 손실, 그리고 세금이 기록되어 있는데 이들을 더하고 빼면 마지막에 남은 돈이 순이익입니다.

$$매출총이익 = 매출액 - 매출원가$$

영업이익은 매출액에서 매출원가와 판매비 및 관리비를 뺀 것입니다. 많은 자영업 사장님이 생각하는 이익은 영업이익이 되는 것입니다. 영업이익은 본업을 통해서 얻은 이익입니다. 영업이익이 크다는 것은 본업이 잘 됨을 뜻합니다.

$$영업이익 = 매출총이익 - 판매관리비$$

자, 이제부터 제가 강조하는 이익, 한계이익이 무엇인가를 알아봅시다. 한계이익은 매출액에서 변동비를 뺀 금액을 의미합니다. (참고로 매입 장부를 기록할 때, 비용을 고정비와 변동비로 구분해두면 편합니다)

$$한계이익 = 매출액 - 변동비$$

세알못 - 인터넷 쇼핑몰을 운영하고 있습니다. A 상품의 판매가격은 3만 원이고, 한 개를 팔 때마다 비용은 2만 원 (상품원가 15,000원, 포장비 1,000원, 배송비 4,000원)이 발생합니다. A 상품의 한계이익은 얼마인가요?

택스코디 - 포장한 후 택배 발송을 해야 하므로 상품원가, 포장비, 배송비는 모두 변동비에 해당합니다. 그럼 A 상품 한 개를 판매하였을 때, 한계이익을 계산해 보겠습니다.

● 한계이익 = 매출액 - 변동비 = 30,000원 - (15,000원 + 1,000원 + 4,000원)= 10,000원

따라서 A 상품 한 개를 판매했을 때 한계이익은 1만 원이 됩니다.

세알못 - 비용 중에서 변동비를 구분하는 기준은 무엇인가요?

택스코디 - 사장님이 운영하는 인터넷 쇼핑몰(A 회사)의 손익계산서를 한번 살펴볼까요.

A 회사, 손익계산서

과목	금액 (단위 : 만 원)
매출액	45,000
− 매출원가	25,000
= 매출총이익	20,000
− 판매비 및 일반관리비	22,000
= 영업이익	▲ 2,000

손익계산서상의 매출원가는 변동비입니다. 판매비 및 일반관리비 항목은 고정비와 변동비가 같이 합계된 금액이므로 판매비 및 일반관리비 명세서를 다시 구체적으로 살펴봐야 합니다. 다음 표와 같습니다.

A 회사, 판매비 및 일반관리비 명세

과목	금액 (단위: 만 원)
여비 교통비	400
광고 선전비	4,000
임원 보수	3,000
급여	2,000
상여	0
감가상각비	0
지급임차료	1,200
수선비	200
포장 운임	5,000

통신비	250
수도 광열비	150
조세공과	0
기부금	0
접대교제비	250
보험료	90
자재비	5,000
복리후생비	200
잡금	0
임대비	100
잡비	150
판매비 및 일반관리비 합계	22,000

위 명세서에서 변동비 항목은 자재비 (포장용 박스 등의 구입)와 포장운임 (배송료) 두 가지 항목입니다. 그러므로 판매비 및 일반관리비에서 변동비는 1억 원 (자재비 + 포장운임)이 됩니다.

손익계산서를 보고 A 회사의 한계이익을 계산하면, 매출액 – 변동비 (매출원가 + 자재비 + 포장운임) = 4억 5천만 원 – (2억 5천만 원 + 5천만 원 + 5천만 원) = 1억 원

따라서 손익계산서를 보고 계산한 한계이익은 1억 원이 됩니다.

손익분기점 매출액 계산을 해 보자

자, 이제 한계이익이 무엇인지 알았으니 한계이익률을 계산할 차례입니다. 한계이익률이란 매출액에서 한계이익이 차지하는 비율을 말합니다.

한계이익률 = (한계이익 / 매출액) × 100

한계이익률은 위의 공식으로 계산이 됩니다. 앞서 본 A 회사의 매출액은 4억 5천만 원이었고, 한계이익은 1억 원 이었습니다. 따라서 한계이익률은 (1억 원 / 4억 5천만 원) × 100 = 22.222...대략 22.2%가 됩니다.

결론부터 말하자면 한계이익률이 클수록 회사가 본업으로 일으

키는 수익이 많다고 생각하면 됩니다. 한계이익률이 30%인 회사와 20%인 회사 중에 한계이익률이 30%인 회사가 돈을 더 잘 벌 확률이 높다고 판단하면 됩니다.

한계이익률은 상품 하나도 계산이 됩니다. 예를 들어 A 회사에서 판매하는 상품 B (매출액 2만 원, 변동비 1만 6천 원)의 한계이익률 (4천 원/2만 원 × 100)은 20%입니다.

손익계산서를 보고 계산한 A 회사의 1년 한계이익률은 22.22%였으니까 그보다도 낮습니다. 따라서 B 상품은 아무리 많이 팔려도 회사는 이 상품으로 돈을 벌기가 어렵습니다. 어떤가요? 판매하는 상품의 한계이익률을 계산하지 않고 (과거의 저처럼) 단순히 매출만 올리는 게 능사가 아닙니다.

한계이익률을 계산할 줄 알아야 하고 이를 지표로 삼아 상품 가격을 정해야 합니다.

만약 A 회사가 현재 돈을 버는 상황이면 한계이익률 22.22%는 안전하다고 판단할 수 있지만, 그렇지 않은 경우라면 위험한 상황이 되어 한계이익률을 올리는 방안을 모색해야 합니다.

손익분기점 매출액을 정확히 계산할 줄 아는 사장님이 생각보다 많지 않습니다. (대충 파악하죠)

손익분기점이란 이익이 제로가 된 상태입니다. 즉 손익이 똑같은 상태입니다. 다시 말해 손익분기점은 매출액과 총비용 (고정비와 변동비를 더한 금액)이 같은 금액이 되는 지점을 말합니다. 앞서 배운 한계이익률을 이용해서도 손익분기점 매출액을 계산할 수가 있습니다.

세알못 - 한계이익률로 손익분기점 매출액을 계산한다고요. 신기하네요. 어떻게 계산하나요?

택스코디 - 계산법은 다음과 같습니다.

손익분기점 매출액 = 고정비 / 한계이익률

아주 간단하죠. 위 공식만으로 손익분기점 매출액을 간편히 계산할 수가 있습니다.

A 회사의 손익계산서를 확인한 결과 고정비는 1억 2천만 원입니다. 또 미리 계산한 한계이익률은 22.22%입니다. 따라서 A 회사의 손익분기점 매출액은 다음과 같습니다.

손익분기점 매출액 = 1억 2천만 원 / 0.2222 = 540,540,541원

대략 5억 4천만 원 정도 금액이 손익분기점 매출액이 됩니다.

손익분기점 매출액을 계산하는 공식을 보면 고정비가 커질 때, 손익분기점 매출액은 증가합니다. 그리고 손익분기점 매출액은 한계이익률에도 영향을 많이 받습니다.

위 사례에선 현재 상태가 계속 유지 (고정비, 한계이익률이 변동이 없는 경우) 되면 대략 9천만 원 정도의 매출이 증가해야 손익분기점 매출액이 됩니다. 요즘 같은 불경기에 매출을 올린다는 것이 쉽지 않습니다. 그럼 이 회사가 어떻게 적자에서 흑자로 변하는가를 조금 더 살펴보겠습니다.

한계이익률이 22%일 경우 대략 9천만 원 정도의 적자가 발생한 것을 앞서 확인했습니다. 그런데 한계이익률이 단 5%만 오른다면 어떻게 될까요? 한계이익률을 27%로 가정하여 다시 계산해 보겠습니다. (한계이익률을 제외하고 모든 조건은 같다고 가정)

손익분기점 매출액 = 고정비 / 한계이익률 = 1억 2천만 원 / 0.27 = 444,444.444원

한계이익률이 단지 5% 인상되었을 뿐인데 흑자로 전환되었습니다. 그런데 한계이익률이 10%가 오른다면 어떻게 될까요? 어

알아두면 쓸모 있는 세테크 상식 사전 **사장님 절세법**

떤가요. 상상만 해도 즐겁습니다.

상품의 원가를 5% 줄이면 이익은 35%가 늘어납니다. 그런데 판매가격을 5% 인상하면 이익은 50%가 늘어납니다.

상품의 원가가 5% 상승하면 이익은 35%가 줄어듭니다. 그런데 판매가격을 5% 할인하면 이익은 50% 줄어듭니다. 자, 이제 사장님은 어떤 판단을 하겠습니까?

최초 판매가격의 설정이 중요합니다. 막연히 설정하는 것이 아니라 한계이익률을 고려해 판매가격을 설정해야 합니다. 그런 이유로 가격을 결정하는 것이 곧 경영이라는 말도 있습니다.

돈 버는
관리 회계를
실무에
활용하자

가격 할인,
숫자로 확인하면
무섭다

어떤 상품을 20,000원에 팔고 변동비가 16,000원 일 때 한계이익은 4,000원(매출액 20,000원 − 변동비 16,000원)이고 한계이익률은 20%(한계이익 4,000원 / 매출액 20,000원 × 100)입니다.

그럼 판매가격을 10% 인상하였을 때 한계이익과 한계이익률을 계산해 봅시다.

한계이익 = 10% 인상한 매출액 - 변동비 = 22,000원 - 16,000원 = 6,000원

한계이익률 = (한계이익 / 10% 인상한 매출액) × 100 = (6,000원 / 22,000원) × 100 ≒ 27.3%

상품의 판매가격을 10%만 인상하여도 한계이익은 6,000원, 한계이익률은 27.3%로 변했습니다. 앞에서 살펴본 것처럼 한계이익률이 오르면 손익분기점 매출액은 내려갑니다. 그러므로 판매량이 변하지 않아도 적자에서 흑자 구조로 전환이 됩니다.

관리 회계의 시각에서는 1%의 이익률 차이가 매우 큽니다. 소매업의 경우에는 판매하는 모든 상품의 가격이 1% 인상되었을 때 판매량이 줄지 않는다면 영업이익률은 20% 이상 상승합니다.

"모든 문제는 매출이 부족해서야. 매출만 오르면 다 회복될 거야."

과거의 저는 이렇게 생각을 했습니다. 이런저런 이유로 매출이 조금이라도 떨어지면 '할인'이라는 두 글자를 제일 먼저 머리에 떠올렸습니다. 숫자는 거짓말을 하지 않습니다. 판매가격을 10% 할인했을 경우, 한계이익률은 어떻게 변하는지 봅시다.

위 사례에서 판매가격을 10% 할인하면 18,000원이 됩니다. (변동비는 16,000원으로 변하지 않았습니다)

한계이익 = 18,000원 - 16,000원 = 2,000원

한계이익률 = (2000원 / 18,000원) × 100 ≒ 11.1%

어떤가요. 10% 할인했을 뿐인데 한계이익률은 11.1%가 되었습니다. (10% 할인을 하고 10% 매출이 오르면 같은 것이라고 생각을 하는 사장님들이 매우 많습니다. 대단히 잘못된 생각입니다)

한계이익이 4,000원 일 때, 100개를 팔면 400,000원의 수익이 발생합니다. 그런데 한계이익이 10% 할인 행사를 해서 2,000이라면 200개를 팔아야 400,000원의 수익이 발생합니다. 즉 10% 할인을 하면 매출은 2배가 되어야 같은 결과가 되는 것입니다. (10% 할인 행사가 얼마나 무서운 것인지 설명이 되었나요?)

미리 시뮬레이션을
해 보자

회계를 이용하면 모든 것은 정확히 숫자로 계산이 됩니다. 아직도 정확히 계산하지 않고 막연히 "이럴 것이야"라고 대충 생각한다면 이 책을 꼭 끝까지 읽으면 좋겠습니다.

광고비를 쓰는 이유도 돈을 벌기 위해서입니다. 그런데 얼마나 팔아야 광고비라도 빠질까요? 계산이 어렵지 않으니 같이 한번 살펴봅시다. 회계의 가장 큰 장점은 미리 시뮬레이션해 볼 수 있다는 것입니다. 광고비 100만 원을 투자해서 이익을 남기려면, 3만 원에 판매하는 신상품을 과연 몇 개나 팔아야 할까요? 추가 매출은 얼마나 발생해야 할까요? (3만 원에 판매하는 신상품의 한계이익은 1만 원이라 가정합니다)먼저 신상품을 몇 개를 팔아야 하는가를 계산해 보겠습니다.

필요한 신상품 판매 개수 = 광고비 / 한계이익 = 1,000,000원 / 10,000원 = 100개

100개를 팔면 광고비로 투자한 100만 원을 회수하게 됩니다. 생각보다 개수가 많죠?

100개 × 30,000원 = 300만 원

따라서 300만 원의 매출이 더 발생해야 광고비로 쓴 100만 원을 회수한 것입니다. 그러나 이때도 이익은 0원입니다.

몇 개를 팔아야 또는 얼마나 매출을 올려야 할까를 미리 시뮬레이션을 해보고 광고비 집행을 결정해야 합니다.

"매출 목표를 정하고 열심히 노력해서 목표를 달성했는데, 왜 통장에 잔액은 없지?"

매출이 아니라 이익에 대한 목표를 세워야 합니다. 희망하는 이익을 정하고 거꾸로 계산해서 매출을 구해야 합니다. 한 달 동안 얼마나 이익을 남길까를 먼저 결정합니다. 그리고 월간 고정비를 정합니다. 그런 후에 다시 월간 평균 한계이익률을 정합니다. 이

제 다음 공식에 대입해서 필요한 매출을 계산합니다.

이익 달성에 필요한 매출 = (원하는 월간 이익 + 월간 고정비) / 월간 평균 한계이익률

희망하는 월간 이익이 1,000만 원이고, 월간 고정비가 1,000만 원, 월간 평균 한계이익률이 30%라고 가정하여 필요한 매출이 얼마인가를 역으로 계산해 봅시다.

(1,000만 원 + 1,000만 원) / 0.3 ≒ 6,666만

따라서 매월 1,000만 원의 이익을 남기려면 6,666만 원의 매출을 올려야 합니다.

그럼 다른 것은 모두 같다는 가정하에 월간 이익만 두 배로 정해 2,000만 원을 설정하여 계산해 봅시다.

(2,000만 원 + 1,000만 원) / 0.3 ≒ 1억 원

이익은 2배로 늘렸는데 놀랍게도 매출은 2배를 일으키지 않아도 되는 결과가 나왔습니다.

자. 지금부터라도 이렇게 합시다. 돈을 버는 회계를 실무에 활용하는 거죠. 신상품을 판매할 경우 한계이익률을 이용해 미리 시뮬레이션을 해보고 가격을 결정합니다. 상품 중에서 판매 촉진할 상품의 한계이익률에 더 신경을 씁니다. 광고비와 같은 경비를 계획할 때에도 사전에 시뮬레이션을 통해 결정합니다. 그리고 이익에 대한 목표를 세우고 달성합시다!

목표 달성은
제대로 하고 있나

세알못 - 이익 목표로 계획을 세워야 한다는 말에 동의하여 목표를 세웠는데, 제대로 달성하고 있는지가 궁금합니다. 상대적으로 매출 집계는 쉬운데 이익이 얼마만큼 나는가를 계산하기가 어렵습니다.

"현 단계에서 흑자일까? 이번 달은 흑자일까? 만약 적자라면 어느 정도일까?"

고용한 세무대리인은 1년에 한 번 결산서를 제공해 줍니다. 매월 결산서를 보내주면 참 좋을 건데라고 생각합니다.

택스코디 - 세무대리인의 도움 없이 위 궁금증을 해결할 방법이 있습니다. 이번 달은 얼마나 목표를 달성했는가를 알기 위해서는 세 가지만 알고 있으면 됩니다. 다음과 같습니다.

1. 오늘까지 매출금액 합계

2. 평균 한계이익률

3. 이번 달 고정비 (예상 금액)

이 세 가지만 알고 있으면 실시간으로 확인 가능합니다.

오늘까지 한계이익 = 오늘까지의 매출금액 합계 × 평균 한계이익률

위 공식으로 오늘까지의 한계이익을 구할 수가 있습니다. 한계 이익을 계산했다면 다음 공식을 다시 적용하면 됩니다.

오늘까지의 목표 달성 정도 = 오늘까지의 한계이익 - (이번 달 고정비 + 원하는 이익)

위 공식으로 계산한 금액이 '-(음수)'가 나오면 이번 달 말일까지 -금액만큼 목표 달성 금액이 남았다는 뜻입니다. 반대로 + 금액이 나오면 이미 목표 달성을 한 것입니다. 이제 여러분은 언제든지 현재 목표 달성 여부를 확인할 수가 있습니다.

많은 사장님이 매출 목표를 잡고 원하는 목표에 도달하지 않으

면 가격 인하를 통해 돌파구를 찾습니다. 그런데 이런 가격 인하 전략은 압도적으로 판매량이 늘어나야 합니다. 판매량이 압도적으로 늘어나게 되면 인건비 등의 비용도 자연스럽게 커지기에 할인 전략은 더욱 신중히 사용해야 합니다.

　사업을 하는 목적은 이익을 얻기 위해서입니다. 즉 돈(이익)을 버는 것이 목적입니다. 이익을 더 얻기 위해서는 한계이익률이 더 커지면 됩니다. 즉 판매가격을 인상하면 됩니다. 기존에 팔고 있는 상품의 가격은 올리기가 쉽지 않습니다. 그러므로 신상품의 판매가격을 결정할 때가 중요합니다. 신상품의 가격 인상 전략은 평균 한계이익률을 높여주기 때문에 한계이익률이 더 커지는 효과를 만들어 냅니다. 한계이익률이 낮은 기존 상품에서 한계이익률이 높은 신상품으로 판매 전환을 고려하는 것도 좋은 방법이라 할 수 있습니다.

세알못 - 신상품 가격 인상 전략 좋은데요. 또 다른 방법은 없나요?

택스코디 - 이익을 내기 위한 또 다른 방법은 상품원가를 내리면 됩니다. 상품원가가 낮아지면 그만큼 한계이익이 증가해서 가격 인상과 같은 효과를 내게 됩니다.
그러나 원가를 낮추기 위해서는 대량 구매를 해야 하므로 재고량이 늘어나 규모가 작은 업체나 보관이 어려운 식자재를 취급하는 음식점과는 맞지 않습니다.

정리하면 개인사업자는 판매량이 줄지 않는 범위 안에서 소폭의 가격 인상을 반복하는 것이 제일 좋은 방법입니다. 만약 가격 인상 폭이 크다면 가격 인상으로 인한 이익 일부를 다시 고객에게 일정 부분 되돌려 주는 것도 효과적입니다.

PART 02

사장님이 알아두면 쓸모 있는 세금 상식, 사업자등록

사업자등록 전
이것은
꼭 알고 하자

사업자등록은
꼭 해야 하나?

세알못 - 네이버 스마트스토어 개인 판매자인데 거래 건수 20건 이하입니다. 사업자등록 및 부가가치세 신고를 해야 하나요?

택스코디 - 세법에 사업자란 사업 목적이 영리이든 비영리이든 관계없이 사업상 독립적으로 재화 또는 용역을 계속적·반복적으로 공급하는 자를 말하는 것이며, 사업자는 사업장마다 사업 개시일부터 20일 이내에 사업장 관할 세무서장에게 사업자등록을 신청해야 합니다.
네이버 스마트스토어 등 인터넷에서 상품을 판매하는 사업자의 경우 거래 건수나 매출금액에 상관없이 계속적·반복적으로 사업을 영위하는 경우라면 사업자등록 후 부가가치세 신고·납부를 해야 합니다.

세알못 - 당근마켓 거래로 이익아 발생하면 소득세를 내야 하나요?

택스코디 - 중고 물품 거래를 중개하는 앱 '당근마켓'은 2020년 5월 기준 우리나라에서 두 번째로 많이 사용하는 앱으로 등극했습니다.

내가 사는 동네에서 이웃들과 안전하고 신속한 직거래를 가능하게 하면서 인기를 끌고 있죠. 여기를 통해 사람들 사이에서 거래되는 물건의 가격은 천차만별입니다. 기부차원에서 무료로 물건을 나눔 하는 경우부터 수백만 원대를 호가하는 명품이나 디지털 기기 등이 거래되기도 합니다.

당근마켓을 비롯한 중고거래 플랫폼에서 물건을 판매하는 경우 상황에 따라 과세여부가 달라집니다. 소소하게 용돈 벌이하는 정도지만 소득이 생겼기 때문에 세금을 내야 하는 걸까 하는 의문이 생길 수 있습니다. 각 상황에 따른 과세여부를 살펴봅시다.

먼저 중고물건을 판매하는 경우입니다. 개인이 사업성을 갖지 않고 일시적으로 중고품을 판매한 경우에는 과세 대상 소득에 해당하지 않습니다. 이런 거래는 사회적 통념상 개인 간의 물물교환 정도로 판단하기 때문입니다.

그러나 사업적 목적을 가지고 계속적·반복적으로 물품 등을 판매하는 경우는 과세대상에 해당합니다. 매출액의 크기와 관계없이 과세대상 재화를 지속해서 판매하면 부가가치세 과세사업자로 등록하고 부가가치세 및 종합소득세를 신고·납부해야 합니다.

참고로 중고거래 앱에서 미개봉 혹은 신품을 판매할 때도 사업적 목적 없이 일시적으로 판매하는 경우라면 세금을 물지 않습니다. (만약 사업적 목적을 가지고 판매해 수익이 나더라도 그에 따른 소득 신고를 하면 문제가 되지 않습니다)

최초 가격에 한정판 프리미엄을 붙여 더 높은 가격에 되파는 리셀의 경우에는 같은 맥락에서 사업성이 있다고 판단되면 과세대상이 되고, 일회성 판매의 경우에는 비과세로 분류됩니다.

눈여겨볼 부분은 해외에서 들어온 물품을 되파는 '직구 리셀'의 경우입니다. 미국에서 들어온 200달러 이하의 물건, 혹은 그 외 지역에서 들어오는 150달러 이하의 물건을 재판매하는 건 관세포탈, 밀수로 처벌될 수 있습니다. 이렇게 재판매되는 물건들은 판매 목적이 아닌 실사용 목적으로 들여와 관세가 면제돼 세금을 내지 않은 상태이기 때문입니다. 따라서 명백한 중고 물품이 아닌 '직구 미개봉', '직구 새 상품'이라고 적혀있는 물품을 세금 신고 없이 판매하면 불법입니다.

세금 상식을 갖추는 것,
기본 중의 기본이다

세알못 - 20년 이상 다니던 회사에서 명예퇴직 후 평소에 꿈꾸던 작은 카페를 오픈했습니다. 카페 장소 선정부터 인테리어는 물론 커피 재료나 디저트 메뉴까지 철저히 준비했습니다. 이제 창업 준비는 다 끝난 건가요?

택스코디 - 아닙니다. 무엇보다 중요한 세금과 관련한 상식을 갖추는 것은 기본 중의 기본입니다.

사장님이 되면 내야 할 세금은 부가가치세, 개별소비세, 소득세, 근로소득세 원천징수 등이 있습니다. 사업자가 해당 세목의 과세 대상인지 아닌지를 파악하는 것은 필수입니다.

우선 연간 소득에 대해 소득세를 신고하고 납부해야 합니다. 종업원을 채용해 월급을 줄 때는 근로소득세를 원천징수해 내야 합니다.

그리고 상품(재화) 등을 판매하거나 서비스(용역)를 제공하면 내야 하는 세금은 부가가치세입니다. 다만 생활필수품을 판매하거나 의료·교육 관련 용역을 제공하면 부가가치세가 면제됩니다. 면제대상은 곡물·과실·채소·육류·생선 등 가공되지 않은 식료품 판매, 연탄·무연탄·복권 판매, 허가 또는 인가 등을 받은 학원·강습소·교습소 등 교육용역, 도서·신문·잡지(광고 제외) 등입니다. 병·의원 등 의료보건 용역도 부가가치세 면제 대상인데 쌍꺼풀 수술, 코 성형 수술, 유방확대·축소술, 지방흡입술, 주름살 제거술의 진료용역은 2011년 7월 1일 이후 제공하는 용역부터 과세합니다.

부가가치세 외 개별소비세와 개별소비세 부과에 따른 교육세·농어촌특별세를 내야 할 때도 있습니다. 대상은 투전기·오락용 사행 기구 등과 수렵용 총포류 제조업자·수입업자, 보석·귀금속류 제조·수입자(개당 500만 원 초과분), 개당 200만 원 초과분 고급시계와 개당 200만 원 초과분 고급가방, 개당 500만 원 초과분 고급모피 등도 개별소비세를 내야 합니다. 정원 8명 이하 승용자동차(경차 제외), 석유류, 유연탄, 담배 등도 있습니다. 또 경마장, 경륜장·경정장, 투전기 설치 장소, 골프장, 카지노 등 영업장

소와 룸싸롱·나이트클럽·디스코클럽·카바레·요정 등 과세 유흥장의 사업자도 개별소비세를 내야 합니다.

세금마다 신고·납부기한은 제각각 다르니 꼼꼼한 확인이 필요합니다. 모든 사업자는 사업을 시작할 때 반드시 사업자등록을 해야 합니다. 사업자등록은 사업장마다 해야 합니다. 사업을 시작한 날로부터 20일 이내 구비서류를 갖춰 가까운 세무서 민원봉사실이나 인터넷 홈택스에서 됩니다.

사업자등록증은 신청일로부터 2일 이내에 발급됩니다. 사전 확인이 필요한 사업자라면 현장 확인 등의 절차를 거친 후 발급될 수 있습니다. 참고로 간이과세자가 되려면 사업자등록신청서의 해당란에 간이과세 적용신고를 표시해야 합니다.

세알못 - 사업을 시작하기 전에도 사업자등록이 가능한가요?

택스코디 - 사업을 시작하기 전에 사업을 개시할 것이 객관적으로 확인된다면, 미리 사업자등록증 발급이 가능합니다.

세알못 - 사업자등록을 하지 않으면 어떻게 되나요?

택스코디 - 사업자등록을 하지 않으면 불이익이 주어집니다. 개인의 경우 공급가액의 1%(간이과세자는 매출액의 0.5%와 5만 원 중 큰 금액), 법인은 공급가액 1%의 가산세를 물어야 합니다.

구분	사업자	신고·납부기한		신고·납부할 내용
부가 가치세	법인 사업자	1기 예정 1기 확정 2기 예정 2기 확정	4.1 ~ 4.25 7.1 ~ 7.25 10.1 ~ 10. 25 다음 해 1.1 ~ 1.25	1.1 ~ 3.31 사업실적 4.1 ~ 6.30 사업실적 7.1 ~ 9.30 사업실적 10.1 ~ 12.31 사업실적
	개인 일반 사업자	1기 확정 2기 확정	7.1 ~ 7.25 다음 해 1.1 ~ 1.25	1.1 ~ 6.30 사업실적 7.1 ~ 12.31 사업실적
		예정신고 및 예정고지 (일반과세자에 한함) 사업부진자, 조기환급발생자는 예정신고납부와 예정고지납부 중 하나를 선택		
	개인 간이 사업자	확정신고	다음 해 1.1 ~ 1.25	1.1 ~ 12.31 사업실적
소득세	개인 사업자 (과세·면 세)	확정신고	다음 해 5.1 ~ 5.31	1.1 ~ 12. 31 연간 소득금액
		중간예납	11.1 ~ 11. 30	중간예납 기준액의 1/2 또는 중간예납추계액
개별 소비세	과세 물품 제조·수입	분기의 다음 달 25일까지 (석유 류, 담배는 다음 달 말일까지)		3개월의 제조장· 보세구역 반출가격 (기준가격초과분)
	과세 장소			3개월의 입장 인원
	과세 유흥 장소	다음 달 25일까지		1개월의 유흥음식요금
	과세 영업 장소	다음 해 3월 말일까지		1년간 총매출액
사업장 현황신고	개인 면세 사업자	다음 해 1.1 ~ 2. 10		1.1 ~ 12. 31의 면세수입 금액
원천 징수 이행 상황 신고	원천징수의 무자	일반 사업자	다음 달 10일	매월 원천징수한 세액
		반기 납부자	7월 10일 / 다음 해 1 월 10일	

개별소비세 과세물품을 제조하여 반출하는 자는 (반출한 날이 속하는 분기의 다음 달 25일(석유류, 담배는 판매 또는 반출한 날이 속하는 달의 다음 달 말일)까지 판매장 · 제조장 관할 세무서장에게 신고 · 납부해야 합니다.

또 과세 유흥장소를 경영하는 사람은 (유흥 음식 행위를 한 날이 속하는 달의 다음 달 25일까지) 과세 유흥장소의 관할 세무서장에게 신고 · 납부해야 합니다.

사업자등록을
늦게 한다면?

세알못 - 사업자등록을 신청하기 전에 꼭 알아야 하는 내용은 무엇인가요?

택스코디 - 다음 사항을 먼저 숙지하면 등록 절차가 쉬워집니다.

1. 과세업종인지 면세업종인지를 확인해야 합니다.

부가가치세가 부과되는 사업은 과세사업자등록을, 면제되는 사업은 면세사업자등록을 해야 합니다. 과세사업과 면세사업을 겸업할 때에는 과세사업자등록만 하면 됩니다.

2. 사업자의 유형을 결정해야 합니다.

사업형태를 개인으로 할 것인가, 법인으로 할 것인가 또는 사업자의 유형을 일반과세자로 할 것인지, 간이과세자로 할 것인지를 결정해야 합니다.

개인과 법인은 창업절차 등 세법상 차이점이 있으므로, 이를 참고하여 개개인의 사정에 따라 선택해야 하나, 선택하기가 어려울 때는 먼저 개인으로 시작을 하고, 나중에 사업 규모가 커지면 법인으로 전환하는 방법도 고려해 볼 수 있습니다.

개인사업자는 다시 매출액의 규모에 따라 일반과세자와 간이과세자로 구분되지만, 간이과세자에 해당하더라도 세금계산서를 수수해야 할 필요가 있는 사업자는 반드시 일반과세자로 신청해야 하므로 업종에 맞는 유형을 선택해야 합니다.

3. 관련 법규의 허가·등록·신고 대상 업종인지 확인해야 합니다.

허가 · 등록 · 신고 업종의 경우 사업자등록 신청 시 허가증 · 등록증 · 신고 필증 사본 등을 제출해야 합니다. 따라서 약국, 음식점, 학원 등 허가, 신고, 또는 등록을 해야 하는 업종이면 관련 인허가기관으로부터 먼저 허가 등을 받아야 합니다.

4. 공동사업의 경우 관련 증빙서류를 제출해야 합니다.

2인 이상의 사업자가 공동으로 사업을 하는 경우 이 중 1인을 대표자로 선정해야 합니다. 또 공동으로 하는 사업임을 증명할 수 있는 동업계약서 등의 서류를 제출해야 합니다.

5. 사업자등록 신청 시 필요한 서류를 챙깁니다.

사업자등록 신청 시 업종에 맞는 구비서류를 잘 챙겨야 사업자 등록증을 발급받을 수 있습니다. (구비서류: 국세청 누리집, '국세정책/제도 → 사업자등록 안내' 참조 또는 126 국세 상담센터에 문의)

세알못 - 3월 1일 가게를 임차하여 실내공사를 마치고 3월 20일부터 영업을 시작했습니다. 그런데 여러 가지 바쁜 일 때문에 7월 23일에 사업자등록을 신청하러 세무서를 방문했습니다. 담당 공무원은 사업자등록 신청을 제때 하지 않았기 때문에 가산세를 물어야 하고, 매입세액공제도 받을 수 없다고 합니다.

택스코디 - 새로 사업을 시작하는 사람은 사업을 개시한 날부터 20일 이내에 사업자등록을 해야 하며, 이 기간 내에 사업자등록을 신청하지 않으면 다음과 같은 불이익을 받게 됩니다.

1. 가산세 부담: 사업자가 사업을 개시한 날부터 20일 이내에 사업자등록을 신청하지 않으면, 사업을 개시한 날부터 등록을 신청한 날의 직전일 까지의 매출액에 대하여 1%(단, 간이과세자는 매

출액의 0.5%와 5만 원 중 큰 금액)를 가산세로 부담해야 합니다.

2. 매입세액 불공제: 사업을 개시하기 전이라도 실내장식을 하거나 비품 등을 매입할 수 있는데, 내부공사가 완료되거나 비품 등을 매입한 날이 속하는 과세기간이 끝난 후 20일이 지나서 사업자등록을 신청하는 경우에는 그 매입세액을 공제받을 수 없습니다.

따라서 세알못 씨의 경우 공급시기가 속하는 과세기간이 끝난 후 20일이 지나서 (7월 23일) 사업자등록을 신청했으므로 실내공사대금과 개업을 위하여 구매한 비품 및 물품 매입 대금과 관련한 매입세액은 세금계산서를 받았더라도 공제를 받을 수 없습니다.

정리하면 7월 20일까지 사업자등록을 신청했다면 1월 1일 ~ 6월 30일까지 매입세액 전부 공제 가능합니다. 하지만 7월 21일 이후 사업자등록을 신청하면 1월 1일 ~ 6월 30일까지 매입세액은 공제받지 못합니다.

소규모 사업자는 간이과세자로 사업자등록을 하면유리하다

"좋겠다! 붕세권 (붕어빵과 역세권을 합친 신조어)에 살고 있네"

갖가지 길거리 음식이 발길을 붙잡는 겨울철. 그중 스테디셀러는 단연 붕어빵입니다. 그런데 요즘 붕어빵 보기가 하늘의 별 따기죠. 붕어빵 노점은 영업시간도 길지 않습니다. 정확한 시간을 모르면 허탕치기 일쑤죠. 요즘 붕어빵 노점마다 긴 줄인데, 그나마 가까이 있다는 게 다행일 정도라는 소리가 들리곤 합니다.

붕어빵을 창업하기 위해서는 특별한 자격 요건이 필요 없습니다. 특히 소자본으로 시작할 수 있다는 장점이 있어 부업으로 하는 직장인도 많습니다.

세알못 - 그렇다면 붕어빵을 창업하기 전에 알아야 할 내용은 무엇이 있나요?

택스코디 – 원칙적으로 고정된 장소에서 계속 사업을 한다면 사업자 등록을 해야 하지만, 겨울철에만 붕어빵을 팔고 싶다면 사업자등록을 한다는 것이 애매하죠. 이때 사업자등록을 하지 않고 PG 시스템(신용카드 결제대행)을 이용할 때가 있습니다. PG 시스템이라는 것은 결국 다른 사업장의 단말기를 빌려 쓰는 것으로 사실상 불법입니다. 부가가치세법 원칙에 따라 사업을 하려면 사업자등록을 하고 본인이 가입한 가맹점의 단말기를 써야 합니다.

붕어빵 장사는 초기에 큰 비용이 들어가지 않으니, 간이과세자를 적용받는 것이 훨씬 유리합니다. 붕어빵 기계 임대 가격은 최저 14만 원부터 최대 80만 원으로 100만 원이 안 됩니다. 나머지 필요 물품값을 더한다고 해도 저렴한 가격이죠.

간이과세자는 환급규정이 없어 매입세액공제를 받지 못하지만, 부가세율이 일반사업자보다 훨씬 적은 장점이 있습니다. 간이과세자의 간이세율은 매출세액의 10%에 업종별 부가율을 곱한 값입니다. 업종별 부가율이 15~40% 정도이기 때문에 일반과세자에 비해 부가가치세 부담이 상당히 적습니다.

또 일반사업자는 1년에 많게는 네 번, 적게는 두 번 세금 신고와 납부를 해야 하지만, 간이과세자는 1년에 한 번만 세금 신고와 납부를 하면 되기 때문에 일반과세자로 시작했을 때보다 자금 운용에 더 유리합니다.

세알못 - 그럼 무조건 간이과세자로 사업을 시작하는 것이 유리한가요?

택스코디 - 사업자등록을 앞두고 보통 간이과세자와 일반과세자 중 어떤 유형을 선택할지 고민을 합니다. 일반적으로는 간이과세자가 유리하나 다음의 경우엔 일반과세자가 더 유리합니다.

초기 인테리어 비용이 많이 들었다면 매출보다 매입이 많아 일반과세자라면 매입세액을 환급받을 수 있습니다. 이외에도 거래 상대방이 사업자일 때는 매입세액공제 유무에 따라 간이과세자와의 거래를 선호하지 않을 수 있어 일반과세자가 유리할 수가 있습니다.

부가가치세가 부과되는 물품을 판매하는 경우에는 매년 7월 25일과 1월 25일에 부가가치세 신고를 한 후 5월에 종합소득세 확정신고를 하면 됩니다. 반면 부가가치세가 부과되지 않는 물품을 판매하는 면세사업자는 매년 2월 10일에 사업장현황신고를 한 후 5월에 소득세 확정신고를 하면 됩니다.

사업자등록 후
이것은
꼭 알고 가자

사업자등록과 함께
확정일자를 받아두자

상가건물이 경매 또는 공매되는 경우 임차인이 상가건물임대차보호법의 보호를 받기 위해서는 반드시 사업자등록과 함께 확정일자를 받아 두어야 합니다.

세알못 - 확정일자가 무엇인가요?

택스코디 - 건물소재지 관할 세무서장이 그 날짜에 임대차계약서의 존재 사실을 인정하여 임대차계약서에 기입한 날짜를 말합니다.

건물을 임차하고 사업자등록을 한 사업자가 확정일자를 받아놓으면 임차한 건물이 경매나 공매로 넘어갈 때 확정일자를 기준으로 후 순위 권리자에 우선하여 보증금을 변제받을 수 있습니다. 따라서 확정일자는 사업자등록과 동시에 신청하는 것이 좋습니다.

● 확정일자 신청대상 (상가건물임대차보호법 적용 대상): 환산보증금 (보증금 + 월세의 보증금 환산액)이 지역별로 다음 금액 이하인 경우에만 보호받을 수 있습니다.

지역	환산보증금
서울특별시	9억 원
수도권정비계획법에 의한 수도권 중 과밀억제권역, 부산광역시	6억9천만 원
광역시(수도권 과밀억제권역과 군지역 제외, 부산광역시 제외), 안산시, 용인시, 김포시, 광주시, 세종특별자치시, 파주시, 화성시	5억4천만 원
기타지역	3억7천만 원

(월세의 보증금 환산: 월세 × 100)

세알못 - 확정일자 신청 시 구비서류는요?

택스코디 - 다음 서류를 준비해 건물소재지 관할 세무서 민원봉사실에 신청하면 됩니다.

신규사업자: 사업자등록신청서, 임대차계약서 원본, 사업허가·등록·신고필증, 사업장 도면(건물 공부상 구분등기 표시된 부분의 일부만 임차한 경우), 본인 신분증

기존사업자: 사업자등록정정신고서(임대차 계약이 변경된 경우), 임대차계약서 원본, 사업장 도면(건물 공부상 구분등기 표시된 부분의 일부만 임차한 경우), 본인 신분증

현금영수증
의무발행업종
확대된다

2023년부터 현금영수증 의무발행업종이 더 늘어납니다. 통신판매업을 비롯해 가전제품이나 악기 수리, 구두수선, 의류수선, 행정사, 공유숙박업, 해외직구대행업 등 17개 업종이 현금영수증 의무발행업종에 추가됩니다. 현금영수증 의무발행업종 확대 대상 사업자의 의무가 2023년 1월 1일부터 시행됩니다.

의무발행업종에 새로 편입된 업종을 살펴보면 각종 수리와 수선업종과 함께 맞춤 정장과 같은 맞춤 겉옷 제조 사업자가 포함되었습니다. 또 인스타그램, 페이스북 등 사회관계망서비스(SNS)를 이용해 공동구매 등을 진행하고 현금으로 대금을 받는 SNS마켓 사업자와 해외직구 대행사업자 등도 현금영수증 의무발행사업자가 됐습니다.

> **세알못 – 현금영수증 의무발행사업자가 되면, 무엇이 달라지나요?**

> **택스코디 –** 10만 원 이상의 현금매출에 대해서는 소비자가 원하지 않더라도 현금영수증을 의무적으로 발행해야 합니다. 10만 원 미만의 현금매출에 대해서도 일반 사업자와 마찬가지로 소비자가 원할 때는 현금영수증을 발행해야 하는 의무가 있습니다.

현금영수증 의무발행사업자가 발행의무를 위반한 경우에는 미발급금액의 20%가 가산세로 부과됩니다. 이익이 아니라 단순 매출의 20%를 가산세로 부담하는 것으로 적지 않은 불이익입니다.

다만 소비자가 원하지 않아 영수증발행을 잊었더라도 현금을 받은 후 5일 이내에 자진해서 발급하면, 가산세를 부담하지 않습니다. 5일~10일까지는 자진발급 시 가산세의 절반을 감면하지만, 10일이 넘어가면 20%의 가산세 부담을 피할 수 없습니다.

사업자와 소비자가 상호 간에 현금거래 시 가격을 할인해주겠다는 명목으로 현금영수증을 미발행할 때에도 발급의무를 위반한 것이 됩니다.

소비자는 현금영수증 미발행사업자를 신고하는 경우 미신고금액의 20%를 신고포상금으로 받을 수 있습니다. 5년 이내에 계약서, 영수증, 무통장 입금증 등 거래 사실을 확인할 수 있는 서류를 첨부해 홈택스나 우편 등으로 신고하면 됩니다.

현금영수증은 재화와 용역을 공급하고 그 대금을 현금으로 받은 때에 발급하는 것이니 현금을 받은 날 발급하는 것이 맞습니다. 만약 대금을 여러 차례 나눠 받았다면 각각 나눠 받는 때마다 발급하면 됩니다. 다만, 선수금과 같이 공급하기 이전에 현금부터 미리 받았다면 현금을 받은 때에 발급할 수도 있고, 공급이 완료된 때에 발급할 수도 있습니다.

세알못 - 소비자와 현금을 지급한 사람이 다른 경우 누구에게 발급하나요?

택스코디 - 현금영수증은 재화와 용역을 공급받은 사람에게 발급해야 합니다.

세알못 - 체크카드도 현금영수증을 따로 발급 받아야 하나요?

택스코디 - 체크카드는 별도의 카드 매출전표가 발행되므로 현금영수증 발급대상이 아닙니다.

세알못 - 의무발행업종인데, 20만 원 중 15만 원은 카드, 5만 원은 현금으로 받았습니다.

알아두면 쓸모 있는 세테크 상식 사전 **사장님 절세법**

택스코디 - 현금영수증 의무발행 기준은 거래대금을 기준으로 합니다. 거래대금이 20만 원이므로 현금영수증 발급의무가 있으며, 현금으로 받은 5만 원에 대해서만 현금영수증을 발급하면 됩니다.

세알못 - 의무발행대상이지만 소비자가 발급을 원하지 않아요.

택스코디 - 거래금액 10만 원 이상이면 소비자가 원하지 않더라도 발급해야 합니다. 신원을 모르는 경우 국세청 지정코드인 '010-000-1234'로 자진 발급하면 됩니다.

세알못 - 소비자가 현금영수증보다 가격 할인을 원해서 합의 후 발급하지 않았는데요.

택스코디 - 현금영수증을 발급하지 않기로 소비자와 합의했더라도 의무발행업종 사업자는 발급의무를 위반한 것이므로 과태료 부과 대상이 됩니다.

세알못 - 정비소인데 고객 자동차 수리비를 보험사에서 계좌이체로 받았습니다.

택스코디 - 자동차 정비업소는 현금영수증 의무발행업종이지만, 소비자가 아닌 보험회사로부터 수리대금을 받은 때에는 현금영수증을 발급하지 않습니다.

세알못 - 이미 자진 발급했는데 소비자가 휴대전화발급을 다시 요청합니다.

택스코디 - 자진 발급한 현금영수증은 홈택스 홈페이지나 상담센터 ARS를 이용해 사용자등록을 하면 사용 내역이 정상적으로 소비자에게 귀속됩니다. 만약 소비자가 자진발급영수증을 분실한 경우에는 영수증의 발급 일자, 거래금액, 승인번호를 소비자에게 알려주면 됩니다.

세알못 - 발급금액이 잘못된 경우, 취소하고 재발급하면 되나요?

택스코디 - 현금영수증 금액을 오류로 발급한 경우 거래일로부터 3개월(VAN사마다 기간 다름) 이내에 같은 발급수단, 당초 승인번호, 승인일자, 취소 사유를 확인해 단말기에서 취소하거나 홈택스에서 발급한 경우에는 홈택스 홈페이지에서 취소한 후에 다시 정상발급이 가능합니다.

사업자 명의대여 시 어떤 문제가 생기나

사업자 명의를 다른 사람에게 빌려주는 사례를 가끔 볼 수 있습니다. 친척이나 가까운 지인으로부터 명의를 빌려달라는 부탁을 받을 수가 있고, 급전의 유혹에 넘어가 사업자 명의를 넘겨주는 등 사기를 당할 수도 있습니다.

결론부터 말하자면 사업자 명의를 빌려주거나 빌리는 일은 명백한 불법입니다. 들키지 않으면 그만이라지만 들키지 않기가 쉽지 않습니다. 명의를 빌려 간 사람이 명의를 사용하는 순간부터 노출되기 때문입니다.

세알못 - 그렇다면 사업자 명의대여 시 어떤 문제가 생기나요?

택스코디 - 우선 빌려준 명의의 사업과 관련한 각종 세금이 명의자에게 부과·고지됩니다. 명의를 빌려 간 사람이 세금 신고, 납부를 하지 않으면 국세청이 사업자등록증에 나와 있는 대표자, 즉 명의를 빌려준 사람에게 세금을 부과합니다. 만약 명의를 빌려준 사람이 직장을 다니고 있어서 근로소득이 있거나 다른 소득이 있다면, 이 소득이 합산되어 더 큰 세금이 부과됩니다.

사업자들이 세금만큼 두려워하는 것이 건강보험입니다. 빌려준 명의에서 소득이 발생하면 빌려준 사람은 기존에 있던 소득과 합산해서 소득이 증가하기 때문에 이에 따른 건강보험료 부담도 커집니다. 특히 다른 가족의 직장가입자격으로 보험료를 부담하던 사람이라면 대여해준 사업자 명의에서 소득이 발생하면서 기존 직장가입 자격이 박탈되고 지역가입자로 바뀌는 문제도 생길 수 있습니다.

또 명의를 빌려 간 사람과 관계가 좋아서 실제로 세금도 대신 부담해준다면 모르겠지만, 만약 세금을 체납하게 되면 명의를 빌려준 사람이 체납자 신분이 되는 것입니다.

실질과세원칙에 따라 실제 나에게 소득이 생긴 것이 아니라면 세금을 부담할 필요가 없지만, 이것도 탈세 등에 의도가 없고, 명의만 빌려줬을 뿐이라는 사실을 명의자 스스로가 입증해야만 가능한 일입니다. 하지만 국세청이 바라보는 시각은 사업자등록증을 발급과정에서 명의자의 협조가 불가피하다고 보기 때문에 단순한 명의대여로 인정받기가 쉽지 않습니다.

더구나 세금이 일정 금액 이상 장기간 체납되면 과세관청은 재산을 압류할 수도 있습니다. 압류 이후에는 국가가 조세채권을 회수하기 위해 공매로 팔아버리기도 합니다. 이때 압류재산 역시 명의를 빌려준 사람의 재산이 압류되는 것입니다.

세금의 체납은 신용도도 떨어뜨리게 됩니다. 체납 사실이 과세관청에서 금융기관으로 통보가 되고, 이후에는 은행의 신용도가 떨어져 대출금을 상환하라는 요구가 나오거나 신용카드 사용이 정지되는 등의 문제가 뒤따를 수 있습니다. 그밖에도 출국정지 등 세금 체납자가 겪어야 할 고충들을 모두 겪을 수 있습니다.

세금이 고지되고 재산이 뺏기는 등 재무적인 문제만 발생하는 것이 아닙니다. 명의를 빌려 간 사람뿐만 아니라 빌려준 사람 또한 조세범 처벌법으로 처벌받을 수 있습니다.

명의대여에 따른 조세범은 1년 이하의 징역이나 1,000만 원 이하의 벌금을 물 수 있습니다. 아울러 명의대여 사실이 국세청 전산망에 남게 되어 앞으로 정직하게 사업을 하고 싶어도 사업자등록 시 까다로운 절차를 거쳐야 하는 등 불이익을 받을 수 있습니다.

세금, 더 냈을 때,
덜 냈을 때, 어떻게 할까?

세알못 - 세금을 더 낸 거 같아요. 어떻게 해야 하나요?

택스코디 - 자동차세나 재산세처럼 이미 계산된 세금 고지서를 받을 때는 세금 내기가 수월하지만, 소득세나 부가가치세처럼 납세자가 스스로 세금을 계산하고 신고해야 하는 세금들은 납세자가 실수할 수가 있습니다. 이건 전문가인 세무대리인을 통해서 신고하더라도 마찬가지입니다.

이렇게 스스로 신고하고 내는 세금은 크게 두 가지 실수가 나올 수 있습니다. 내야 할 세금보다 더 냈거나, 덜 냈거나죠.

세알못 씨처럼 내야 할 세금보다 더 낸 상황에는 '경정청구'를 통해 세금을 돌려받을 수 있습니다. 경정청구는 신고를 잘못해서 세금을 더 냈거나, 결손이나 환급이 생겨서 돌려받아야 할 세금이 있는데 제대로 돌려받지 못한 경우에 신청할 수 있습니다.

세금을 신고·납부한지 5년이 넘지 않았다면 경정청구가 가능합니다. 정확하게는 법정 신고납부기한부터 5년 이내라면 신청할 수 있습니다.

예를 들어 2022년 소득에 대한 종합소득세는 2023년 5월 말까지 신고·납부해야 하니까 2028년 5월 말 이전까지는 경정청구로 돌려받을 기회가 있는 겁니다.

경정청구 결과는 청구서가 관할 세무서에 접수된 날부터 2개월 이내에 받아볼 수 있습니다. 경정청구가 받아들여지면 경정청구를 신청할 때 적은 계좌로 환급세액이 바로 입금됩니다.

반대로 신고·납부한 세금이 정당하게 내야 할 것보다 적을 때에는 '수정신고'를 통해 바로잡을 수 있습니다.

'세금을 덜 낸 건 이득이니 그냥 숨기고 있어도 되지 않을까'라는 생각이 들 수 있지만, 모른 척하고 있으면 나중에 탈세범으로 몰려 더 큰 세금을 추징당할 수 있습니다. 그래서 스스로 바로잡을 기회를 주는 것이 수정신고입니다.

비록 수정신고가 실수였다 하더라도 신고기한이 지난 후에 바로잡는 것이어서 가산세 부담을 피할 수는 없습니다. 적게 신고했다면 과소신고 가산세, 더 돌려받았다면 초과환급 가산세 등을 부담해야 합니다.

다행히 수정신고를 빨리하면 할수록 가산세 부담은 줄일 수 있습니다. 법정 신고기한이 지난 후 1개월 이내에 수정신고하면 가산세의 90%를 깎아줍니다. 3개월 이내에는 75%, 6개월 이내에 수정 신고하는 경우에는 가산세의 50%를 깎아줍니다. 또 1년 이내에 수정 신고하면 가산세의 30%를 줄일 수 있습니다.

신고 납부한지 1년이 지났더라도 2년 내에만 수정신고하면 가산세의 10%는 줄일 수 있습니다. 하지만 2년이 지난 후부터는 수정신고는 가능하지만, 가산세는 감면해 주지 않습니다.

구분	내용
1개월 이내	90% 감면
1개월 초과 3개월 이내	75% 감면
3개월 초과 6개월 이내	50% 감면
6개월 초과 1년 이내	30% 감면
1년 초과 1년 6개월 이내	20% 감면
1년 초과 2년 이내	10% 감면

국세청은 납세자들이 신고납부한 세금을 사후에 검증하는 절차를 거칩니다. 스스로 수정신고를 하지 않고 버티다 보면 국세청이 확인해서 고지서를 보내는 상황도 발생합니다.

참고로 수정신고는 어디까지나 신고 · 납부에 대해서만 할 수 있는 것이므로 고지서가 날아오면 수정신고를 하고 싶어도 할 수 없게 된다는 것도 기억해야 합니다.

PART 03

사장님이 알아두면 쓸모 있는 세금 상식, 부가가치세

알기 쉬운
부가가치세
계산법

사장님이 꼭 알아야 하는
핵심 세금 세 가지는?

사업운영 못지않게 신경 써야 할 것이 있습니다. 바로 세금입니다. 벌어들인 소득에 대해서는 소득세를 스스로 신고·납부해야 하고, 매입·매출에 대해서는 부가가치세를 내야 합니다. 소득이나 매출이 없더라도 각종 신고는 해야 하죠.

세알못 - 전 사업에만 전념하기 위해, 사업자등록을 하자마자 세무대리인에게 관련 모든 업무를 맡기고 있습니다.

택스코디 - 부담을 덜기 위해 세무대리를 맡긴다고 하더라도 세금과 관련한 책임이 사라지는 것은 아닙니다. 세무대리인을 고용하더라도 결국 세금 신고와 납부의 최종 책임은 사업자가 져야 하기 때문입니다. 세금에 대해 기본적인 지식을 알고 세무대리인을 고용하는 것과 반대로 모르고 맡기는 것은 큰 차이가 있습니다. 절세는 그들을 알고 부릴 때 시작됩니다.

먼저 원천세는 사업자가 근로자 등 소득자에게 각종 소득을 지급할 때, 즉 월급을 주면서 국가를 대신해 원천징수를 하고 세금을 대신 내는 세금입니다. 근로자가 매월 자신의 세금을 직접 계산해 내는 것은 어려우므로 사업자가 원천징수 의무자가 되어 세금을 대신 걷어서 내는 거죠. 이렇게 사장님이 내신 걷어서 내면 국가 차원에서는 세금 수입을 조기에 확보할 수 있고 납세자인 직원들은 세금을 나눠 내면서 부담을 더는 효과가 있습니다. 참고로 직원들은 연말정산을 할 때 결정세액에서 이미 냈던 원천징수의 총액을 빼고 남은 금액을 기준으로 환급이나 추가 납부 여부를 결정합니다. 원천세 신고는 마지막 장에서 더 구체적으로 다루겠습니다.

다음으로 부가가치세는 상품을 판매하거나 서비스를 제공할 때 내는 세금입니다. 부가가치를 창출한 매출액을 통해 종합소득세의 매출액이 정해지고, 매입 자료를 통해 매입액이 확정되는데, 그 신고 및 납부가 1월과 7월, 1년에 총 두 차례 발생하기 때문에 사업장의 수익구조를 파악할 수 있는 기초가 되는 세금입니다.

사장님이 부가가치세와 관련해 꼭 알아두어야 할 내용은 부가가치세는 자신의 돈이 아니라는 점입니다. 부가가치세는 판매자를 통해 간접적으로 내는 간접세입니다. 일시적으로 매출분의

10%를 간접세인 부가가치세로 미리 받아놓은 것일 뿐 이를 매출로 착각하면 안 됩니다.

따라서 신고기한마다 국세청에 신고하는 걸 잊지 말고 자금 운용과 관련해서는 부가가치세 신고기한에 내야 할 일부 세액을 꼭 남겨둬야 합니다.

마지막으로 종합소득세는 연간 벌어들인 소득에 대한 세금 (소득의 주체가 개인)입니다. 사업자는 대부분 사업소득만을 가지고 종합소득세 신고를 하지만 사업 외에도 근로소득이나 기타소득이 발생했다면 모든 소득을 합산해서 1년에 한 번 5월에 신고하는 게 종합소득세입니다.

다음 장에서 자세히 말하겠지만, 사장님이 종합소득세를 이해하기 위해 가장 먼저 알아야 하는 것은 세금은 누진적으로 늘어난다는 것입니다. 누진적으로 늘어난다는 것은 일정 과세표준을 기준으로 세율이 계단식으로 늘어난다고 생각하면 됩니다. 따라서 세금을 계산할 때 과세표준이 작년과 비교해 두 배 늘어났다고 해서 세금도 단순히 두 배 늘어났다고 생각하면 안 됩니다. 이렇게 단순히 준비했다간 예상치 못하게 세액이 초과해 납부 자금이 부족해질 수 있습니다.

부가가치세를
구해 보자

부가가치세는 사장님들에게 가장 어렵고 부담스러운 세금 중 하나입니다. 물건값의 10%를 떼어 걷는 간단한 세금처럼 보이지만, 실제 사업자들은 소비자에게 받은 10%를 그대로 내지 않기 때문입니다.

부가가치세는 생산, 유통단계에서 부가적으로 만들어진 가치에 대해 최종소비자가 부담하는 세금입니다. 사업자는 최종소비자에게서 받은 부가가치세 전체가 아니라 실제 자신이 부가적으로 발생시킨 가치와 그에 대한 부가가치세만큼만 국세청에 전달하면 됩니다.

예를 들어 동네 미용실 파마 값이 부가가치세를 포함해 11만 원이라고 가정해봅시다. 파마한 소비자는 파마 1회에 1만 원의 부가가치세를 지출했습니다. 1만 원 상당의 부가가치를 미용실 사장님 혼자서 모두 만들어 낸 것은 아니라는 것이 부가가치세 계산의 핵심입니다.

미용실 사장님이 사용한 파마 약 그리고 샴푸, 헤어드라이어 등 다양한 재료를 만든 사람들을 통해 만들어진 부가가치도 포함돼 있기 때문입니다. 파마 약은 그것을 제조한 업체에서 부가가치를 만들었고, 미용실 사장님은 거기에 대한 부가가치세를 지출하고 재료를 구매했습니다.

그래서 미용실 사장님이 부가가치세를 신고하고 낼 때는 소비자에게서 받은 1만 원의 부가가치세(매출세액)에서, 자신이 소비자의 입장으로 각종 미용 재료와 미용실 집기 등을 매입할 때 치렀던 부가가치세(매입세액)를 빼는 절차를 거칩니다. 따라서 부가가치세를 계산하는 공식은 다음과 같습니다.

정리하면, 파마 값 10만 원당 1만 원의 부가가치세가 붙는 것처럼, 소비자에게서 받은 부가가치세는 미용실 매출의 10%만큼 발생하게 됩니다. 그래서 이것을 '매출세액'이라고 합니다.

또 미용실 사장님이 미용 재료나 미용실 집기 등을 다른 사업자에게서 매입할 때 낸 부가가치세는 매입한 금액의 10%만큼 지출했습니다. 이것은 '매입세액'이라고 합니다.

결국, 미용실 사장님이 실제 국세청에 내야 할 부가가치세는 매출세액에서 매입세액을 뺀 것이 됩니다. 둘 중 매출세액이 크면 그만큼 부가가치세를 내야 합니다. 매입세액이 더 크면, 낼 부가세는 없고 오히려 환급을 받을 수 있습니다.

부가가치세 = 매출세액 - 매입세액

세알못 - 그럼 파마 값이 11만 원이고, 재료비 등을 매입한 비용이 33,000원이라면, 파마를 1회 했을 때 내야 할 부가가치세는 얼마인 가요?

택스코디 - 위 공식으로 부가가치세는 계산됩니다. 그렇다면 매출세액과 매입세액을 구할 수 있으면 부가가치세는 쉽게 계산됩니다. 매출세액과 매입세액을 구하는 계산법은 다음과 같습니다.

매출 (11만 원) = 매출액 (10만 원) + 매출세액 (1만 원)

매입 (33,000원) = 매입액 (30,000원) + 매출세액 (3,000원)

매출 (또는 매입) 금액에서 11을 나누면 매출세액 (또는 매입세액) 이 바로 계산됩니다.

따라서 파마 1회 시 부가가치세를 계산하면 7,000원입니다.

부가가치세 = 매출세액 - 매입세액 = 10,000만 원 - 3,000원 = 7,000원

일반과세자와 간이과세자의 부가가치세 비교해 보자

다시 복습하면 일반과세자의 부가가치세는 매출세액에서 매입세액을 차감하여 계산합니다.

부가가치세 = 매출세액 − 매입세액

간이과세자의 부가가치세는 업종별 부가가치율을 적용한 매출세액에서 세금계산서 등을 발급받은 매입금액 (공급대가)의 0.5%를 적용한 매입세액을 차감하여 계산합니다.

납부세액 = 공급대가 × 업종별부가가치율 × 10% − 공제세액 (세금계산서상 매입금액 × 0.5%)

알아두면 쓸모 있는 세테크 상식 사전 **사장님 절세법**

간이과세자 적용 업종별 부가가치율

(2021.7.1. 이후 재화 또는 용역을 공급하는 분부터 적용)

업종	부가가치율
소매업, 재생용 재료수집 및 판매업, 음식점업	15%
제조업, 농임어업, 소화물 전문 운송업	20%
숙박업	25%
건설업, 운수 및 창고업, 정보통신업, 그밖의 서비스업	30%
금융 및 보험관련 서비스업, 전문과학 및 기술서비스업, 사업시설관리 사업지원 및 임대서비스업, 부동산관련 서비스업, 부동산임대업	40%

세알못 - 파마 값이 11만 원이고, 재료비 등을 매입한 비용이 33,000 원일 때, 파마 1회 시 부가가치세는 7,000원이었습니다. 그렇다면 이 미용실이 간이과세자라면 부가가치세는 얼마인가요?

택스코디 - 간이과세자 부가가치세를 계산하는 공식에 바로 대입해 보겠습니다.

납부세액 = 공급대가 × 업종별부가가치율 (미용실은 30%) × 10%

- 공제세액 (세금계산서상 매입금액 × 0.5%) = 110,000원 × 30% ×

10% - 33,000원 × 0.5% = 3,300원 - 165원 = 3,135원

간이과세자일 때 부가가치세는 3,135원입니다. 일반과세자와 비교해보면 부가가치세 부담이 훨씬 적은 것을 알 수 있습니다.

구분	일반과세자	간이과세자
매출세액	공급가액×10%	공급대가×업종별부가가치율×10%
세금계산서 발급	발급 의무 있음	직전연도 공급대가 합계액 4,800만 원 이상
매입세액 공제	전액 공제	세금계산서등을 발급받은 매입액 (공급대가)×0.5%
의제매입세액 공제	모든 업종에 적용	적용 배제

(2021.7.1. 이후 재화 또는 용역을 공급하는 분부터 적용)

알아두면 쓸모 있는 세테크 상식 사전 **사장님 절세법**

신용카드매출 전표 등 발행세액공제로 부가세를 줄여 보자

사장님이 홈택스에서 전자신고방법으로 직접 부가가치세 신고를 하면 전자신고세액공제 (신고 시 1만 원)를 받을 수 있습니다.

세알못 - 전자신고세액공제 말고 신용카드 세액공제도 있다고 들었습니다.

택스코디 - 신용카드매출 세액공제란 부가가치세가 부과되는 재화 및 용역을 공급하고 신용카드 혹은 현금영수증들을 이용하여 발행하거나 전자적 결제수단에 의하여 대금을 받는 경우, 부가가치세 신고·납부 시 일정 금액을 공제받는 것을 말합니다.

세알못 - 대상은 누구인가요?

택스코디 - 일반과세자 중 주로 사업자가 아닌 자에게 재화와 용역을 공급하는 사업(음식점업, 숙박업, 미용업, 욕탕 및 유사 서비스업 등)으로써 대통령령으로 정하는 사업을 하는 사업자를 말합니다. (개인사업자 중 직전연도 매출 10억 이하인 경우에만)

신용카드 발행세액공제는 개인사업자 중 영수증 발행대상 업종에 해당할 때만 적용 가능합니다. 따라서 제조업은 오프라인 매장이나 온라인 쇼핑몰 등에서 카드나 현금영수증으로 매출을 발생시켰더라도 도정업 등의 떡방앗간이나 양복·양장·양화점, 자동차 제조업 등 일부 세법에 열거된 업종의 제조업 외에는 신용카드 발행세액공제 적용이 불가능합니다. (음료 제조업, 일반 빵집, 제과점 등도 신용카드 발행세액공제 대상 업종이 아니므로 공제 적용 시 주의해야 합니다)

세알못 - 얼마나 세액공제가 가능한가요?

택스코디 - 세액공제율은 다음과 같습니다.

- 일반사업장 : 공급대가의 1.3% (연간 1,000만 원 한도)
- 음식점업 또는 숙박업의 간이과세자 : 공급대가의 1.3% (종전 공급대가의 2.6%, 연간 1,000만 원 한도)

구분	2021.6.30.이전 공급분까지	2021.7.1.이후 공급분부터
음식점/숙박업 간이과세자	2.6%	1.3% (2024.1.1.부터는 1%)
위 이외의 사업자	1.3%	

한도(연간 1,000만 원)가 있는 만큼 한도액 안에서 부가가치세 부담을 최소화하는 절세 전략을 찾아야 합니다.

만약 상반기에 부가가치세 신고 시 한도액만큼 신용카드 매출전표 등 발행세액공제를 받았다면 하반기에 부가가치세 신고 시 부가가치세 압박이 있을 수 있으므로 신용카드 매출전표 등 발행세액공제에 대해서도 한 번 더 확인하고 공제받아야 합니다.

그리고 음식점의 배달대행을 통한 매출은 식당에 비치된 카드 단말기의 카드 매출실적에는 반영되지 않기 때문에 각 배달대행사가 제공하는 배달대행 매출 신고를 수취하여 매장에 발생한 직접 매출실적에 추가하여 신고해야 합니다.

또 결제수단별로 공제금액을 구분하여 제공하고 있으므로 신용카드 등으로 결제한 금액에 대해서 발행세액공제를 챙겨야 합니다.

그리고 신설된 규정으로 전자(세금)계산서 발급 · 전송에 대한 세액공제가 있습니다. 연간 한도 100만 원으로 공제받을 수 있는 제도입니다. 전자(세금)계산서 발급에 대한 인센티브 목적으로 신설된 사항으로 2022년 7월 1일 이후 공급하는 재화 또는 용역에 대한 전자(세금)계산서 발급하는 분부터 적용됩니다. (2022년 하반기 발급분부터 적용되므로 2023년 1월 부가가치세 신고부터 적용받을 수 있습니다)

구분	내용
공제대상	직전연도 사업장별 과 · 면세 공급가액 (총수입금액)이 3억 원 미만인 개인사업자
공제금액	건당 200원, 연간 한도 100만 원
공제방식	부가가치세 세액공제 (2024년 12월 31일까지)

세알못 - 전자세금계산서는 사업자라면 반드시 발행해야 하나요?

택스코디 - 전자세금계산서 의무발급대상은 점점 확대되고 있고 다음과 같습니다.

전자세금계산서 의무발급 개인사업자			
적용 시기	종전	2023.6.30.까지	2023.7.1. 이후
직전 과세기간 사업장별 총수입금액	3억 원 이상	3억 원 → 2억 원	2억 원 → 1억 원

4월에 부가세 고지서를 받는 사업자가 있다

세알못 - 세무대리인에게 전권을 주고 세금의 신고납부를 맡기고 있습니다. 그런데 한편으로는 어딘가 불안합니다. 나도 해당하는 것인지, 나는 어떻게 해야 하는지, 실제 각각 사업의 규모와 형태에 따라 과세기준과 내용은 다른데 똑 부러지게 스스로 알고 있는 정보는 없고 물어보는 것도 애매합니다.

택스코디 - 개인사업자 부가가치세 신고는 과세기간이 6개월 단위로 나뉘어 있습니다. 1~6월 사업실적에 대한 부가가치세를 7월 25일까지 신고납부하고, 7~12월 실적 부가가치세는 다음 해 1월 25일까지 신고·납부 합니다. 상반기 과세기간을 1기, 하반기는 2기로 부르죠.

소비자는 매번 건별로 10%씩 부가가치세를 포함해 값을 치르지만, 사업자는 이렇게 받은 부가가치세 6개월분을 몰아서 매출에서 떼어 내야 하니, 야금야금 호주머니로 들어왔다가 뭉칫돈으로 빠져나가니 심리적으로나 재무적으로나 부담이 생길 수밖에 없습니다. 그래서 세법에서는 6개월을 반으로 쪼개어 중간에도 부가가치세 납부기간을 하나 더 만들어 놨습니다. 분기마다 3개월 치 세금을 내도록 하는 것입니다.

1~3월 매출에 대한 부가가치세는 4월 25일까지, 4~6월 부가가치세는 7월 25일까지, 7~9월 부가가치세는 10월 25일, 10~12월 부가가치세는 1월 25일까지 신고 · 납부하는 일정입니다. (25일이 주말이라면 납부기한은 하루 이틀 미뤄질 수 있습니다)

그런데 모든 사업자에게 같은 기준이 적용되지는 않습니다. 기본적으로 부가가치세는 납세자 스스로 계산해서 신고 · 납부하는 세금입니다. 이에 따라 법인사업자는 4월과 10월 중간정산할 때에도 스스로 3개월 치를 신고 · 납부 합니다.

하지만 개인사업자는 중간정산까지 할 여력은 없다고 판단해서 국세청이 중간정산한 고지서를 알아서 발송해 줍니다. 개인사업자의 경우 7월과 1월에는 스스로 신고 · 납부를 하고, 4월과 10월에는 국세청이 보내준 고지서대로 세금을 내는 것입니다. 즉 작년 하반기에 1,000만 원의 부가가치세를 낸 사업자는 다음 과세기간인 올해 상반기에도 1,000만 원 정도 부가가치세를 낼 매출을 올린 것으로 간주하는 것입니다. 그래서 4월에는 1월에 낸 것의 절

알아두면 쓸모 있는 세테크 상식 사전 **사장님 절세법**

반, 10월에는 7월에 낸 것의 절반을 뚝 잘라서 고지서가 날아옵니다.

중간에 고지된 세금은 7월과 1월에 정식으로 신고·납부 할 때, 확인해서 더하거나 빼는 정산과정을 거치기 때문에 실질적으로 손해 볼 것은 없습니다. 중간정산 준비가 돼 있지 않은 사업자에게는 이마저도 부담이 될 수는 있습니다.

정리하면 개인사업자의 경우 4월과 10월에는 1분기와 3분기 매출에 대한 부가가치세를 '예상'해서 내고, 7월과 1월에는 상반기와 하반기 매출에 대해 각각 부가가치세를 최종 '확정'해서 신고·납부하는 것입니다. 그래서 이름도 예정고지, 확정신고라고 합니다.

개인사업자 중에서도 규모가 영세한 사업자들은 또 전혀 다른 부가가치세 신고·납부 체계를 따릅니다. 직전 과세기간 6개월 기준 매출(공급가액) 4,000만 원 이하인 간이과세자가 여기에 해당합니다.

이들 간이과세자의 경우 부가가치세 과세기간을 상·하반기로 구분하지 않고 1월~12월 1년간으로 구분합니다. 신고·납부도 1년 치에 대해 다음 해 1월에 한 번만 하도록 하고 있습니다. 간이

과세자도 중간정산을 하긴 합니다. 7월에 국세청이 1년 치의 절반에 대해 세금을 계산해서 고지서를 발송합니다. 작년에 부가가치세 100만 원을 냈으면 7월에 50만 원의 고지서가 날아오고, 내년 1월에 정식으로 1년 치 부가가치세를 정산해서 신고 · 납부하는 방식입니다.

개인사업자 중 일반과세사업자이거나 소규모 법인사업자라고 하더라도 4월(10월) 부가가치세 고지서를 받지 못한 사업자들도 많이 있습니다.

국세청은 예정고지 할 부가가치세가 50만 원이 미만일 때에는 고지서를 보내지 않고, 직권으로 예정고지 대상에서 제외합니다. (2021년까지는 예정고지 제외대상이 30만 원 미만이었는데, 2022년부터는 50만 원으로 상향됐습니다)

이런 이유로 고지서를 받지 못한 사업자들은 기다렸다가 7월에 부가가치세 신고 · 납부를 하면 됩니다. 상반기 전체 실적에 대한 부가가치세를 7월 25일까지 신고 · 납부하는 것입니다.

예정고지 대상에 포함돼 고지서를 받았더라도 고지된 금액을 무시하고 스스로 부가가치세를 신고 · 납부할 수 있는 사업자도 있습니다.

알아두면 쓸모 있는 세테크 상식 사전 **사장님 절세법**

예를 들어 휴업 등으로 1분기 실적이 직전 과세기간 (전년도 7~12월) 실적 (공급가액이나 납부세액)의 $\frac{1}{3}$에 미치지 못했다면 예정고지서를 받았더라도 직접 신고를 하면 예정고지 세금은 취소됩니다.

매출·매입 실적이
전혀 없으면
신고 안 해도 되나?

세알못 - 부가세, 카드 할부로 분납도 가능한가요?

택스코디 - 네. 카드 무이자 할부를 통해 부가가치세를 낼 수 있습니다. 카드사별로 무이자 기준이 다르니 확인해 봅시다.

세알못 - 부가세 신고하고 나서 수정할 수 있나요?

택스코디 - 네. 수정 가능합니다. 추가 납부가 생긴다면 수정신고, 환급받을 게 생긴다면 경정청구라고 합니다. 수정신고는 빨리하면 할수록 신고 가산세 등이 줄어듭니다. 경정청구는 신고기한으로부터 5년 이내까지 가능합니다.

세알못 - 부가세가 0원이 나오기도 하나요? 손실보상 같은 지원금 수령에 영향이 없나요?

택스코디 - 부가가치세 납부와 손실보상금은 관련이 없습니다. 매출이 1억 원이어도 매입이 1억 원이면 납부세액이 0원일 수 있습니다. 또는 신용카드 발행세액공제에 따라 0원이 될 수도 있습니다.

참고로 신규 개업 후 소득은 고사하고 매출조차 없는 경우라고 하더라도 부가가치세 확정신고를 진행해야 합니다.

세알못 - 매출이 없으면 낼 부가세가 없는데도 신고를 해야 하는 이유는 무엇인가요?

택스코디 - 세금이 없다고 해서 부가가치세 신고를 하지 않으면 국세청에서 '폐업자'로 간주할 가능성이 큽니다. 해당 사업자 번호를 통해 보고되는 실적이 전혀 없으니 폐업된 것으로 보고 담당 세무 공무원이 직권으로 폐업처리가 가능합니다. 이 절차를 '직권폐업'이라고 부르는데, 직권폐업되면 사업자등록도 자동으로 말소 처리가 됩니다.

문제는 단순히 사업자등록만 말소가 되는 게 아니라 사업자등록이 되어 있어야 이용할 수 있는 금융상품이나 혜택들을 받지 못하게 될 수 있다는 것입니다. 대표적으로 사업자가 자금 융통을 위해 받는 '개인사업자 관련 담보대출'인데 해당 대출은 사업자등록을 유지하고 있을 때 받을 수 있는 대출입니다. 그런데 개인사업자 대출을 이용하고 있는 동안 직권폐업으로 인해 사업자등록이 말소되면 이용 중인 사업자 대출 상품을 회수당할 수 있습니다.

이외에도 무실적 신고를 하지 않으면 차후 매출이 발생해서 세금계산서를 발급하려 하거나 특정 세무처리를 할 때 자신도 모르는 사이에 이미 폐업처리가 되어 사업자등록이 말소돼 아무것도 할 수 없는 난처한 상황이 발생할 수 있습니다. 그러므로 매출이 없는 무실적 상황이라고 할지라도 사업자는 사업을 계속 유지하고 있음을 증명하기 위해 국세청에 무실적 신고를 통해 폐업 상태가 아니라는 '생존신고'를 하는 일이 필요합니다.

세알못 - 무실적 신고는 어떻게 하나요?

택스코디 - 무실적 신고는 7월과 1월 부가가치세 확정신고 기간에 하면 됩니다. 국세청 홈택스에서 자신의 사업자 번호를 조회한 후 '무실적 신고' 버튼을 누르면 간편하게 신고할 수 있습니다.

홈택스 홈페이지뿐만 아니라 모바일 손택스 앱에서도 부가가치세 간편 신고에 들어가 무실적 신고를 진행할 수도 있으며, 보이는 ARS 서비스를 통해 1544-9944로 전화 후 사업자 번호와 주민등록번호를 입력해 간단히 신고할 수도 있습니다.

무실적 신고 대상은 매출과 매입이 둘 다 없는 사업자인데, 간혹 매입은 있고 매출만 없는 사업자가 자신이 무실적이라고 생각해 부가가치세 신고를 아예 하지 않는 경우가 있습니다. 또 신고하면 세금을 내게 될까 봐 지레 겁을 먹고 신고를 하지 않는 사업자들이 많은데 매출이 없어도 임차료 등으로 수취한 매입세금계산서가 있는 사업자라면 부가가치세 환급을 받을 수 있으므로 신고를 진행하는 것이 좋습니다.

적격증빙이
답이다

증빙,
절세의 기초수단이다

세알못 - 초보 창업가입니다. 창업을 갓 시작한 저 같은 상황에 도움
될 절세의 팁은 무엇인가요?

택스코디 - 매출을 늘리는 것도 중요하지만, 동시에 세금을 얼마나 줄
일 수 있는지 기본적인 것부터 알아둘 필요가 있습니다. 본격적으로
창업을 하기 전이나 창업을 시작할 때 알아두면 좋은 절세 팁은 다음
과 같습니다.

　먼저 사업과 관련된 모든 지출에 대한 증빙자료는 필수로 남겨
둬야 합니다. 사업장과 관련해 매입한 물건, 재료, 식자재 등의 지
출은 공제받을 수 있으니, 모두 증빙할 수 있도록 가지고 있어야
합니다.

그리고 세무대리인 없이 직접 세금 신고를 한다면 세금 혜택을 받을 수 있습니다. 부가가치세 신고 시 1만 원, 소득세 신고 시 2만 원의 세액공제 혜택이 있습니다. 특히 혼자 신고하는 사업자는 지출 증빙을 누락 하지 않도록 주의해야 합니다. (반대로 세무대리인을 통해서 신고하는 경우에는 세액공제 혜택을 받을 수 없습니다)

법인사업자의 경우 법인카드를 사용하면 인정되지만, 개인사업자의 경우 별도로 증빙을 해야 합니다. 이때 국세청에 개인 신용카드를 사업용 신용카드로 등록하면 자동으로 경비처리가 됩니다. 그러나 사업용 카드를 개인적인 용도로 쓰면 안 됩니다. 탈루로 의심돼 세무서의 조사 대상이 될 수 있고 사업 용도로 썼다는 것을 증빙하지 못하면 가산세가 추가됩니다.

사업과 관련된 사무실, 창고, 매장 등을 임차한 경우 임차료가 경비로 인정됩니다. 임차료 지급 시 세금계산서를 꼭 받아둬야 합니다.

직원들의 식사비, 회식비는 경비처리로 구분됩니다. 사업자 본인의 식사비는 복리후생비에 해당하지 않아 경비처리가 불가능합니다.

축의금 · 부조금 등의 경조사비도 건당 20만 원까지 경비처리가 가능합니다. 경조사비는 현금으로 지출되기 때문에 적격증빙이 어려우니 결혼식, 청첩장, 부고장 등의 자료를 보관해 제출하면 됩니다.

구분	내용
증빙자료	사업장 관련 지출 내역 확보 후 공제
직접 세금신고	부가가치세 1만 원, 소득세 2만 원 세액공제 혜택
사업용 신용카드	홈택스에 등록 시 자동 경비처리 (사업적인 목적의 지출)
임차료	세금계산서 수취 시 경비처리
복리후생비	채용한 직원의 식사비, 회식비 경비처리
경조사비	건당 20만 원 경비처리

적격증빙은 사업에 관련된 지출을 세금계산서, 사업자명의의 신용카드, 사업자 번호로 끊은 현금영수증, 면세사업자가 발행한 계산서의 형태로 발급받은 증빙을 말합니다.

한편 소명용 증빙은 국세청에서 소명요청이 들어왔을 경우 이를 소명하기 위한 증빙을 말합니다. 상대 사업자로의 계좌이체 내역, 간이영수증, 견적서, 계약서 등도 소명용 증빙입니다.

부가가치세 매입세액공제는 적격증빙일 수취했을 때에만 가능하고, 종합소득세 필요경비처리는 소명용 증빙을 받더라도 가능합니다.

예를 들어 식당을 운영하는 사장님이 냉동고를 현금을 주고 구매해 세금계산서를 발급받았다면, 이는 누가 봐도 명백한 사업용 지출이고 증빙의 형태도 세금계산서이므로 적격증빙에 해당합니다. 당연히 부가가치세 매입세액공제가 가능하고 종합소득세 필요경비처리도 가능합니다.

문제는 소명용 증빙일 경우입니다. 같은 상황에서 사장님이 냉동고를 매입하는데, 본인이 신용 불량자라서 아내 명의 신용카드로 결제를 했을 때는 조금 문제가 발생합니다. 누가 봐도 사업용 지출입니다. (냉동고를 가정에서 매입하는 경우는 흔치 않죠) 본인 신용카드를 사용했다면 아무런 문제가 되지 않으나, 배우자의 신용카드를 사용했기에 세무서에서는 소명요청을 할 수도 있습니다. 이처럼 소명용 증빙이 필요한 상황이면 조금 더 신경을 써야 합니다. 당연히 배우자 명의 신용카드 전표와 냉동고를 설치하는 사진 (날짜가 나와 있으면 더 좋습니다) 등을 첨부해 매입 장부에 붙여 놓으면 좋습니다. 이런 상황에서도 부가가치세 매입세액공제는 가능하지만, 이렇게 증빙에 신경을 써야 합니다.

의제매입세액공제,
식당 사장님이라면
반드시 알아야 한다

다시 복습하자면 부가가치세 계산은 소비자에게서 받은 부가세 (매출세액)에서 사장님이 사업에 필요한 물건을 매입할 때 낸 부가 세(매입세액)를 빼고 냅니다.

부가가치세 = 매출세액 – 매입세액

세알못 - 의제매입세액공제가 무엇인가요?

택스코디 - 식당과 같은 업종은 부가가치세가 면세인 농·축·수산물을 주로 매입하다 보니 나중에 공제할 매입세액이 없고, 따라서 내야 할 부가가치세에 대한 부담이 상대적으로 더 큽니다. 그래서 면세품목의 매입 비중이 높은 사업자들이 일정 요건을 갖추면 면세품을 매입했을 지라도 일정액만큼은 부가가치세를 낸 것으로 쳐(의제)주는 세제 지원 을 하고 있습니다. 바로 의제매입세액공제입니다. 단 매입액의 10%보 다는 적은 공제율이 적용됩니다.

의제매입세액공제는 면세 매입금액에 일정 비율의 의제매입세액공제율을 곱해서 계산합니다. 다만 업종별, 사업자 규모별로 그 비율은 좀 다릅니다.

기본적으로 2%에 좀 못 미치는 2/102(약 1.96%)를 곱합니다. 음식점업의 경우 법인은 6/106 (약 5.66%), 개인은 8/108(약 7.41%)을 적용하고, 개인 음식점업 중에서도 부가가치세 과세표준(매출)이 2억 원 이하이면 9/109(약 8.26%)를 곱합니다.

또 제조업 중에서 과자점업, 도정업, 제분업, 떡방앗간 등의 개인사업자는 6/106, 그 밖의 제조업 개인사업자는 4/104(약 3.85%)를 곱해서 공제액을 계산합니다.

구분		공제율
음식점업	연 매출 2억 원 이하 개인사업자	9/109
	연 매출 2억 원 초과 개인사업자	8/108
	법인사업자	6/106
제조업	1. 과자점업, 도정업, 제분업, 떡방앗간을 운영하는 개인사업자	6/106
	2. 1을 제외한 개인사업자 및 중소기업	4/104
	그 외	2/102
기타 업종	과세유흥장소 및 그 외 업종	2/102

알아두면 쓸모 있는 세테크 상식 사전 **사장님 절세법**

의제매입세액공제에도 한도가 있습니다. 공제 한도는 업종과 과세표준에 따라 다릅니다. 개인음식점의 경우 과세표준 1억 원 이하이면 공제 한도가 65%로 높고, 2억 원 이하이면 60%, 2억 원 초과는 50%로 줄어듭니다.

(참고로 2023년 12월 31일까지 적용 한도가 기존 한도율 보다 10%가 더 늘어납니다)

구분	과세표준	음식점	그 외 업종
개인사업자	1억 원 이하	과세표준×75%	과세표준×65%
	1억 원 초과 ~2억 원 이하	과세표준×70%	
	2억 원 초과	과세표준×60%	과세표준×55%
법인사업자		과세표준×50%	과세표준×50%

참고로 의제매입세액공제를 받기 위해서는 면세물품을 매입했다는 증거가 되는 증빙이 꼭 필요합니다. 부가가치세가 없는 면세물품을 거래했기 때문에 세금계산서가 아닌 계산서가 있어야 합니다. 현금으로 거래했다면 현금영수증, 혹은 카드매출전표 등 매입 사실이 확인되는 증빙을 꼭 챙겨둬야 합니다.

단, 부가가치세 신고를 간편하게 하는 간이과세자들의 경우 의제매입세액공제를 받을 수 없습니다.

사업용 자동차, 어디까지 비용 처리할 수 있나?

세알못 - 사업 운영에 사용하는 차를 구매하려고 합니다. 리스, 렌트, 할부 중 어떤 방법이 제일 절세 혜택이 많은가요?

택스코디 - 최근 홈쇼핑 채널에서 장기 렌트를 많이 광고하죠. 쇼호스트의 멘트를 들어보면 렌트를 해야 절세가 된다는 뉘앙스로 말을 합니다. 그런데 세법에서는 사업용 자동차 구매 방식에 제한을 두고 있지 않습니다. 비용처리 하는 방식도 모두 비슷하므로 리스나 렌트하는 방식이 가장 비용처리에 유리하다는 말은 틀렸습니다.

세알못 - 출퇴근이나 다른 용무에 사용하는 자동차는 세법상 비용처리가 안 되나요?

택스코디 - 세법에서는 출퇴근할 때 이용하는 차량도 업무용 자동차로 인정하고 있습니다. 또 연간 차량 관련 비용이 1대당 1,500만 원이 넘지 않는다면 100% 업무용으로 사용을 인정하고 있으므로 특별한 사유가 없다면 대부분 비용처리가 가능합니다.

앞서 언급했듯 사업용 자동차를 구매하는 방법은 구매 (일시불, 할부), 리스, 렌트 3가지로 나눌 수 있습니다. 어떤 방법 하나가 특별하게 유리한 게 아니라 각각의 장단점이 있어서 상황에 맞는 선택이 중요합니다.

먼저 구매 시 초기비용은 일반적으로 자동차를 구매 (일시불,할부)하는 경우에는 취득세 등 초기비용이 발생합니다. 리스, 렌트는 소유권(명의)이 넘어오지 않아 초기비용이 발생하지 않습니다.

그리고 자동차 보험의 경우 구매와 리스를 하게 되면 구매자가 가입 및 부담을 합니다. 반면 렌트는 자동차 회사가 가입하고 부담하는 형태입니다. 또 렌트하는 경우 사고가 나더라도 자동차 보험료 인상에 영향을 받지 않습니다. 따라서 직원들이 이용하는 차량은 일반적으로 사고율이 높은 편입니다. 따라서 사고로 인한 보험료 인상이 관련 없는 자동차 렌트를 추천합니다.

만약 자금에 여유만 있다면 자동차를 가장 합리적인 가격으로 구매하는 방법은 일시불로 차량을 구매하는 겁니다. 그러나 여유가 없다면 할부로 취득하거나 월 이용료에 부가가치세 붙지 않는 리스로 구매하는 것이 좋죠.

그리고 자동차 교체주기가 빠른 경우 차량 구매 후 초기 5년 동안 중고차 가격 하락이 가장 심하므로 차량을 리스하거나 렌트하는 것이 좋습니다.

차량은 내가 처한 상황과 목적에 따라 구매하는 게 좋습니다. 직원용 차량이라면 렌트로 이용하는 게 좋고, 그 외 대표자가 업무용으로 5년 이내의 교체주기에 따라 사용한다면 리스 또는 렌트가 좋습니다. 교체주기가 5년 이상 장기라면 구매자금 상황에 따라 일시불로 구매하거나 할부로 구매하는 것이 좋습니다.

세알못 - 부가세 매입세액공제가 가능한 차량이 있다고 들었습니다.

택스코디 - 세법에 따르면 운수업, 자동차 매매업처럼 차량을 직접 영업에 사용하는 영업용 차량과는 달리 원칙적으로 비영업용 차량은 매입세액공제 대상이 아닙니다. 차량을 사업과 직접 관련이 있는 일에 사용하는지, 개인적으로 쓰지는 않는지 현실적으로 구분하기 어려우므로 '비영업용 소형승용자동차' 라는 매입세액공제 배제 기준을 두고 있는 것입니다. 하지만 예외적으로 일정한 요건을 만족한다면 부가가치세 신고 시 차량매입세액공제를 받을 수도 있습니다.

세알못 - 일정한 요건이 어떻게 되나요?

택스코디 - 비영업용 차량으로 공제를 받으려면 사업자 명의의 차량이어야 하고 해당 자동차가 개별소비세 비과세대상이어야 합니다. 개별소비세가 부과되면 매입세액 불공제에 해당하고, 개별소비세가 부과되지 않으면 매입세액 공제에 해당합니다.

알아두면 쓸모 있는 세테크 상식 사전 **사장님 절세법**

개별소비세 비과세대상 차량에는 유종과는 관계없이 길이 3.6m 이하, 폭 1.6m 이하에 배기량 1000cc 이하의 경차가 속합니다. 우리가 잘 알고 있는 경차인 모닝, 레이, 스파크, 캐스퍼 등이 이에 해당합니다. 또 125cc 이하의 이륜자동차, 9인승 이상의 승용·승합차(카니발), 화물칸이 구별된 트럭이나 화물차 (스타렉스, 카니발, 포터, 봉고 등), 밴(VAN)형 자동차도 공제대상에 포함됩니다.

거래 상대가
세금계산서 발행을
안 해준다면

　사업을 하다 보면 증빙을 수취할 수 없는 경우가 종종 있습니다. 이렇게 되면 소득세를 계산할 때 경비로 인정받기가 상당히 힘들어 집니다. 그 결과 소득세가 상당히 많아지므로 매출을 누락하거나 가공경비를 계상하여 신고할 가능성도 커집니다. 따라서 사업을 탄탄하게 운영하기 위해서는 무슨 일이 있더라도 사업과 관련된 지출 증빙을 받아 두는 것이 좋습니다. 다만 부득이 증빙을 수취하기 힘든 경우에는 다음과 같이 합시다.

　1. 거래명세서의 기타 지출 근거를 확보합시다.

　2. 거래명세서가 없다면 지출기록이라도 합시다. 언제 누구에게 어떤 물건을 구매했는지 일자별로 정리해 두는 것도 하나의 요령

입니다.

3. 지출은 사업용 계좌를 적극적으로 이용합시다. 사업용 계좌에서 인터넷뱅킹 등으로 송금하면 해당 금액은 원가로 인정받을 수 있습니다.

4. 매입자 발행 세금계산서 제도도 활용할 수 있습니다. 이 제도는 물건 공급자가 세금계산서를 발행하는 것이 아닌 매입자가 세금계산서를 발행하는 제도입니다.

공급자가 매출을 노출하지 않으려고 세금계산서 발급을 거부해 발급받지 못하면 부가가치세 신고 시 매입세액에 대해 공제받을 수가 없습니다. 매입자는 해당 거래에 대해 대금을 지급하고도 세금계산서를 받지 못하면 부가가치세 신고 시 매입세액공제를 받지 못해 세무상 비용처리도 어렵게 됩니다.

세알못 - 이럴 수도 있겠네요. 이럴 때는 어떻게 하면 되나요?

택스코디 - 이런 상황일 때는 '매입자발행세금계산서' 제도를 이용하면 됩니다. 매입자가 발행하는 세금계산서를 요청할 수 있습니다.

매입자발행세금계산서 제도는 세금계산서를 발급해야 할 의무가 있는 사업자(공급자)가 물건이나 서비스를 공급하고 이에 따른 세금계산서를 발급하지 않는 경우, 물건이나 서비스를 받은 사업자(매입자)가 관할 세무서장의 확인을 받아 세금계산서를 발급받을 수 있도록 하는 제도입니다.

매입자는 매입자발행세금계산서 제도를 통해 일정한 절차를 거쳐 자신이 받아야 할 매출세금계산서를 공급자 대신 발급하고 해당 매입세금계산서로 부가가치세 매입세액공제도 받고 세무상의 비용으로도 처리할 수 있죠.

일반과세자(2021년 7월 1일 공급분부터 세금계산서 교부 의무가 있는 간이과세자 포함)에게서 물건이나 서비스를 공급받았다면 매입자발행세금계산서를 발행할 수 있습니다. 단 공급자는 세금계산서를 발행할 수 있는 일반과세자여야 하지만, 매입자는 일반과세자뿐만 아니라 간이과세자, 면세사업자도 신청 가능합니다.

세알못 - 매입자발행세금계산서 제도 이용 시 주의할 점은 무엇인가요?

택스코디 - 매입자발행세금계산서를 발급받으려면 과세기간의 종료일부터 6개월 이내에 신청해야 하며, 10만 원 이상인 거래에 대해서만 신청 가능합니다. 거래 입증자료를 첨부한 '거래 사실 확인 신청서'를 세무서에 제출하면 됩니다.

공급자가 세금계산서를 발행하지 않는 경우, 매입자가 증빙자료를 지참해 관할 세무서장의 확인을 받으면 발행할 수 있습니다. 그렇지만 부도·폐업 등의 이유로 세금계산서를 받지 못한 경우에는 매입 사실을 입증하기 어렵습니다.

이런 점을 고려해 2023년 7월 1일 공급분부터 매입자발행계산서를 발급할 수 있게 됐습니다. 매입자발행세금계산서와 유사한 성격으로 더 구체적인 구제책이 명시됐습니다. 공급자가 부도나 폐업 등을 이유로 세금계산서를 발행하지 않아도 관할 세무서의 확인 하에 매입자가 발행할 수 있게 됐습니다.

공과금,
사업자 명의로
변경하자

세알못 - 부가가치세 신고 시 전기요금이나 가스요금, 통신비 등과 같은 공과금도 공제 가능하다고 들었습니다.

택스코디 - 공과금도 부가가치세 신고 시 매입세액공제가 가능합니다. 먼저 공공요금에 포함된 부가가치세 매입세액공제를 받기 위해서는 사업자번호로 명의를 변경해야 합니다. 개인이 아닌 사업자 명의로 기재된 공공요금 영수증은 세금계산서와 같은 효력이 생기기 때문입니다.

전기사용료 명의변경 방법과 준비 서류 : 전기사용변경신청서, 임대차계약서사본, 주민등록증사본, 사업자등록증사본을 준비해서 한국전력공사 고객센터 123으로 전화해 안내에 따라 명의변경을 하면 됩니다. (유선전화 및 인터넷사용료의 경우 고객센터 번호만 다를 뿐 신청방법은 대체로 비슷합니다)

세알못 - 며칠 전 세무서로부터 1년 전 부가가치세를 신고할 때 공제 받은 매입세액 중 1백만 원은 폐업자로부터 받은 세금계산서이기 때문에 공제받을 수 없으니 이를 해명하라는 '과세자료 해명 안내문'을 받았습니다. 내용을 확인해 보니, 지난해 평소 거래 관계가 없던 사람으로부터 시가보다 싼 가격에 물건을 한 번 구매했던 것이 문제가 된 것이었습니다. 달리 해명할 방법이 없어 꼼짝없이 세금을 낼 수밖에 없게 되었습니다. 이런 피해를 방지하기 위해 거래 상대방이 정상사업자인지 의심스러울 땐 어떻게 해야 하나요?

택스코디 - 사업을 하다 보면 평소 거래를 하지 않던 사람으로부터 시세보다 싸게 물품을 대 줄 테니 사겠느냐는 제의를 받아 이를 구매할 때가 있습니다.

이런 경우에는 거래 상대방이 정상사업자인지, 세금계산서는 정당한 세금계산서인지 여부를 우선 확인해야 합니다. 그 이유는 거래 상대방이 폐업자이거나, 세금계산서가 다른 사업자 명의로 발급된 때에는 실제 거래를 했더라도 매입세액공제를 받을 수 없기 때문입니다. 그러므로 거래 상대방이 의심스러우면 세금계산서를 받을 때 다음 사항을 반드시 확인해야 합니다.

사업자등록 정상 여부 확인

물건을 판 사업자가 발급하는 사업자등록증이 정상인지 확인해야 합니다. 최근에는 물건을 판매하는 사람이 자신의 매출을 숨기기 위해 다른 사람 명의로 세금계산서를 발급하는 경우가 많은데, 이런 세금계산서를 '거짓세금계산서'라고 합니다. 거짓세금계산서를 받은 때에는 매입세액공제를 받을 수 없습니다. 따라서 사업자등록증의 정상 여부를 확인해야 합니다. 먼저 거래 상대방으로부터 사업자등록증과 신분증을 받아 사업자등록증상의 대표자가 일치하는지를 확인하고 아래 방법으로 사업자등록의 위조 여부를 확인해야 합니다.

앱스토어 · 플레이스토어 접속 → 마크애니 검색 · 설치 → 사업자등록증 상단 또는 하단 바코드 인식 → 표출 문구와 음성을 통해 사업자등록증 확인 · 대조

휴·폐업 여부 확인

휴업이나 폐업자가 아닌 세금계산서 발급이 가능한 정상사업자인지 확인해야 합니다. 휴업자나 폐업자는 세금계산서를 발급할 수 없으므로 이들이 발급한 세금계산서는 세금계산서 효력이 없어 매입세액을 공제받을 수 없습니다.

특히 폐업자가 폐업신고를 하고 난 후 재고품을 처리하는 과정에서 종전 사업자등록번호로 세금계산서를 발급하는 경우가 종종 있으므로, 거래 상대방이 의심스러울 때는 반드시 홈택스 누리집을 통해 확인해야 합니다.

알아두면 쓸모 있는 세테크 상식 사전 **사장님 절세법**

홈택스에서 조회/발급 → 사업자등록상태 조회

PART 04

사장님이 알아두면 쓸모 있는 세금 상식, 종합소득세

종합소득세
공식에
답이 있다

종합소득세, 소득이 발생하면 누구나 낸다

매년 5월은 종합소득세를 신고·납부하는 달입니다. 소득이 있는 곳에 세금이 있다는 말처럼 전국의 각 개인이 지난 1년간 벌어들인 소득에 대한 소득세를 계산해 내야 하죠.

그런데 모든 소득에 대한 세금을 5월에 신고·납부해야 하는 것은 아닙니다. 어떤 소득은 소득이 생길 때마다 곧장 소득세를 뗄 때도 있습니다. 5월이 아닌 별도의 신고·납부기한이 있는 소득도 있습니다. 이에 따라 여러 가지 소득을 다양하게 벌어들인다면 언제 소득세를 신고·납부해야 할지 헷갈리기도 하죠.

지난 1년간 사업소득이 조금이라도 있는 사업자라면 모두 종합소득세 신고를 해야 합니다. 연도 중에 폐업했거나 적자가 난 경우, 낼 세금이 없거나 오히려 돌려받아야 하는 경우라고 하더라도 종합소득세 '신고'는 꼭 해야 합니다. 부동산 임대소득이 있는 임대사업자 역시 임대사업소득에 대해 종합소득세 신고를 해야 합니다.

직장인처럼 급여를 받는 근로소득자는 연말정산으로 이미 1년치 소득에 대한 세금 정산이 끝났으니까 5월에 또 세금을 계산할 필요가 없습니다. 만약 연말정산을 하지 못한 경우라면 종합소득세 신고 때 직접 신고하고 정산을 해야 합니다. 이미 연말정산을 했지만, 공제항목을 빠뜨렸거나 실수를 한 경우에도 종합소득세 신고 때, 바로 잡을 수 있죠.

직장을 다니며, 부업으로 다른 사업을 해서 근로소득 외에 사업소득도 함께 벌고 있는 경우에도 종합소득세 신고를 해야 합니다. 연말정산은 연말정산대로 하고, 나중에 합산해서 종합소득세 신고를 해도 되고, 종합소득세 신고 때 몰아서 계산해도 됩니다.

이자나 배당소득이 있는 경우에는 보통 이자나 배당이 될 때 자동으로 소득세를 떼어 원천징수하게 됩니다. 만약 이자나 배당 등의 금융소득이 연간 2,000만 원이 넘는다면 다른 소득과 합산해서 5월에 종합소득세를 신고해야 합니다.

국민연금 등 공적연금도 앞서 언급한 다른 종합소득세 과세 대상 소득을 함께 벌어들이고 있는 경우에는 합산해서 종합소득세를 신고해야 합니다.

지난 한 해 돈을 벌기는 했지만, 5월 종합소득세 신고를 꼭 하지 않아도 되는 사람들이 있습니다. 벌어들인 소득이 종합소득세 과세 대상 소득이 아니거나 애초에 세금이 붙지 않는 소득도 있습니다.

종합소득세 과세 대상인 사업소득이 있지만, 종합소득세 신고를 하지 않아도 되는 사람도 있습니다. 보험모집인과 방문판매원, 계약배달판매원이 대표적입니다. 이들은 소속된 회사에서 수입금액을 지급 받지만, 근로자가 아닌 개인사업자입니다. 소득 구분역시 사업소득이죠. 그런데 이들 사업자의 경우 근무형태가 근로자들과 유사하다고 해서 연말정산을 할 수 있도록 시스템이 마련돼 있습니다. 다른 소득이 없으면서 소속회사로부터 받는 수입금액 합계 7,500만 원 미만인 보험모집인, 방문판매원, 계약배달판매원은 연말정산을 한 경우, 종합소득세 신고를 하지 않아도 됩니다. 연말정산 자체로 사업소득의 소득금액을 확정하는 겁니다.

당연하겠지만, 종합소득세 과세 대상이 아니거나 아예 세금이 없는 소득이 발생한 때도 종합소득세 신고와는 무관합니다.

예를 들어 실업급여와 같은 '비과세' 소득은 종합소득세 신고대상이 아닙니다. 복권당첨금과 같이 기타소득으로 이미 '분리과세' 해서 세금을 떼고 받은 소득도 종합소득세 신고 때 다른 소득과 합산할 필요가 없습니다.

또 퇴직소득과 양도소득은 '분류과세'라고 해서 소득의 분류가 완전히 다른 소득이며, 신고·납부방식도 다릅니다. 퇴직금은 원천징수로 세금을 떼고, 양도소득은 신고·납부기한이 따로 정해져 있죠. 이런 소득만 있는 경우에도 종합소득세 신고는 신경 쓸 필요가 없습니다.

누진세율, 과세표준이 커지면 세금도 많아진다

저는 세금 공부를 처음 시작할 때, 수입금액과 소득금액이란 용어의 차이를 구분하지 못해 세법을 이해하기 어려웠습니다. 세금은 수입금액이 아닌 각종 공제를 뺀 소득금액에 세율을 곱해서 산출됩니다.

수입금액이란 판매금액 또는 매출액과 같은 개념입니다. 사업자의 경우에는 판매금액(수입금액)에서 재료비, 인건비 등 각종 비용을 공제한 금액(소득금액)을 소득세를 매기는 기준인 과세표준이라고 합니다.

소득금액 = 수입금액 - 필요경비

이 소득금액에 세율을 곱하는 것이므로 이익이 나면 세금을 내게 되고 손해가 나면 세금이 없는 것입니다. 사업자의 경우 아무리 판매를 많이 했어도 재료비 지급하고 임차료 내고 종업원 월급 주고 나서 남는 게 없으면 세금을 내지 않아도 되는 것입니다.

"소득이 있는 곳에 세금이 있다."

어떤 방식으로든 돈을 번 사람은 그 소득의 일부를 국가에 세금으로 내야 합니다. 소득세는 세 가지로 구분할 수 있습니다. 직장인이나 공무원이 내는 근로소득세, 사업자나 자산가가 내는 종합소득세, 집주인이나 대주주가 내는 양도소득세를 꼽을 수 있습니다.

여기에 적용하는 소득세율은 세금을 부과하는 기준인 과세표준에 따라 최소 6%에서 최고 45%까지 단계별로 올라갑니다. 돈을 많이 벌면 많이 벌수록 더 높은 세율을 적용받아 세금을 내게 되는 것입니다. 2020년까지 5억 원 초과 소득자는 모두 같은 과세표준구간에 속해 42%의 세율로 세금을 납부했으나, 2020년 12월 2일 소득세법 개정안이 의결되면서 2021년부터는 10억 원이 넘는 소득을 올리게 되면 '초고소득'자로 따로 분류되어 45%의 세율을 적용받게 됐습니다.

그렇다면 약 30억 원이 넘는 수입을 벌었다고 가정했을 때, 내야 할 세금은 얼마나 될까요. 2021년부터 초고소득자에게는 45% 의 세율이 적용됩니다. 과세표준이 30억 원일 때 세금은 대략 12억8,460만 원 정도가 됩니다.

세알못 - 세법 개정으로 2023년부터 달라지는 건 무엇인가요?

택스코디 - 세율 6%가 적용되는 과세표준이 1,200만 원 이하에서 1,400만 원 이하로, 세율 15%가 적용되는 과세표준이 4,600만 원 이하에서 5,000만 원 이하로 각각 200만 원, 400만 원 늘어납니다.

예를 들어 과세표준 1,200만 원부터 1,400만 원 구간에 속한 사업자의 소득세가 18만 원(200만 원 x 9%) 줄어듭니다. 과세표준 8,800만 원 초과의 고소득 구간은 과표에 변화가 없으므로 세 부담 완화의 효과가 상대적으로 미미할 것입니다. 참고로 종합소득세 과세표준은 과세 대상 소득을 합산한 후, 소득공제를 적용한 금액입니다.

2023년 종합소득세 누진공제표

과세표준	세율	누진공제액
1,400만 원 이하	6%	
1,400만 원~5,000만 원 이하	15%	126만 원

5,000만 원~8,800만 원 이하	24%	576만 원
8,800만 원~1억 5천만 원 이하	35%	1,544만 원
1억 5천만 원~3억 원 이하	38%	1,994만 원
3억 원~5억 원 이하	40%	2,594만 원
5억 원~10억 원 이하	42%	3,594만 원
10억 원 초과	45%	6,594만 원

과세표준이 6천만 원일 때, 종합소득세를 계산해 봅시다. 다음 두 가지 방법으로 계산 가능합니다.

1. 구간별 합산: 1,400만 원 × 6% + (5,000만 원 - 1,400만 원) × 15% + (6,000만 원 - 5,000만 원) × 24% = 864만 원

2. 누진공제표: 6,000만 원 × 24% - 576만 원 = 864만 원

소득공제,
세금을 줄여준다

수입금액에서 필요경비를 빼면 소득금액이 나옵니다. 여기에 각종 비용이라 볼 수 있는 기본공제 (부양가족 1인당 연간 150만 원), 부양가족 중에 70세 이상 경로우대공제, 장애인이 있는 경우 장애인 공제 등 소득세법에 열거된 소득공제금액을 공제하고 남은 금액이 과세표준이 됩니다. 여기에 세율을 곱해서 소득세가 계산됩니다.

과세표준 = 소득금액 − 소득공제

산출세액 = 과세표준 × 세율

세알못 – 그럼 소득공제를 많이 받으면, 과세표준도 낮아지니 세금이 줄어들겠네요. 소득공제 항목은 구체적으로 어떤 게 있나요?

1. 기본공제: 부양가족 1인당 150만 원 (직계존비속 60세 이상, 20세 이하이고, 연간 환산 소득금액이 100만 원 이하인 경우에만 해당)

2. 추가공제: 경로우대자 공제 1인당 100만 원 (70세 이상인 기본공제 대상자), 장애인 공제 1인당 200만 원 (기본공제 대상자 중 장애인), 부녀자 공제 50만 원, 한부모 공제 100만 원 (부녀자 공제와 한부모 공제가 동시에 해당하면 한부모 공제만 적용)

3.국민연금보험료공제: 과세기간 동안 납부한 국민연금보험료에 대해 본인부담금 전액 공제

4.노란우산공제: 노란우산공제는 자영업자가 폐업하더라도 경제적으로 안정되게 생활하는 것을 도울 목적으로 시작된 제도입니다. 일정 금액을 매월 내면 폐업을 하거나 질병 등으로 일을 할수 없을 때 이자와 함께 납부 부금을 돌려받을 수 있는 공제 제도입니다. 말하자면 사업자들의 퇴직금이나 적금 같은 개념인 거죠. 가장 큰 혜택은 '소득공제'를 받을 수 있다는 겁니다.

아무리 많이 납입한다고 해도 납입한 부금에 대해 전부 소득공제를 받을 수 있는 것은 아닙니다. 최대 소득공제 한도가 정해져 있기 때문입니다. 한도를 초과해서 납입해도 한도 초과분에 대해서는 소득공제 혜택을 받지 못한다는 점을 알아두어야 합니다. 사업소득금액이 연 4,000만 원 이하면 연간 소득공제 한도가 500만 원, 4,000만 원 초과 1억 원 이하는 300만 원, 1억 원 초과는 200만 원입니다.

세알못 - 언제 돌려받을 수 있나요?

택스코디 - 법적으로 공제금 지급 받는 경우는 개인사업자 폐업, 법인사업자 폐업·해산, 가입자 사망, 법인 대표의 질병과 부상으로 인한 퇴임, 만 60세 이상으로 10년 이상 부금 납부한 가입자가 지급을 청구한 때입니다.

세알못 - 중도 해지하면 불이익이 있나요?

택스코디 - 노란우산공제를 중도에 해지하면 원금손실이 발생할 수 있습니다. 중도 해지하게 되면 소득공제 받은 부분에 대해서는 기타소득으로 봐서 16.5%의 세율로 원천징수하기 때문입니다. 환급금에서 소득공제 받은 금액만큼 추징되는 개념으로 생각하시면 됩니다.

노란우산공제에 가입하면 공제금은 압류, 양도, 담보 제공이 금지됩니다. 폐업하더라도 최소한의 생활은 보장받을 수 있도록 보호되는 거죠. 이 외에도 가입자는 희망장려금을 지원받을 수 있습니다. 중소기업중앙회와 협약을 맺은 지자체에서 지원해 주는 거라 지자체에 따라 지원금액은 다릅니다.

납부를 연체하고 있지 않다면 임의해약환급금의 90% 이내에서 대출 기간 1년(연장 가능), 대출이자 3.4%의 조건으로 대출도 받을 수 있습니다.

노란우산공제의 기능은 크게 두 가지로 생각하면 됩니다. 첫 번째는 폐업 시 납입 금액을 돌려받을 수 있다는 점에서 퇴직금 기능이 있고, 두 번째는 소득공제 기능입니다. 소득공제를 받을 수 있다는 게 적금과 비교해 차별화되는 점이죠. 다만 노란우산공제는 적금과 다르게 해지를 원할 때 납부 부금의 100%를 다 돌려받지 못할 수 있다는 부분에서 단점이 있습니다. 노란우산공제로 받을 수 있는 소득공제액이 얼마일지, 중간에 해지할 가능성은 없는지 고려해서 선택하는 것이 좋습니다.

알아두면 쓸모 있는 세테크 상식 사전 **사장님 절세법**

세액공제,
세금을 줄여준다

과세표준에 세율을 곱해 산출세액을 구했습니다. 여기에서 한 번 더 빼주는 과정을 거칩니다. 바로 세액공제입니다. 세액공제를 받고 나면 드디어 납부세액이 결정됩니다.

결정세액 = 산출세액 - 세액공제

세알못 - 세액공제 역시 소득공제처럼 세금을 줄여주네요. 세액공제 항목은 구체적으로 어떤 게 있나요?

택스코디 - 다음과 같습니다.

1. 자녀 세액공제: 기본공제대상자에서 해당하는 자녀가 있는 경우 (1명-15만 원, 2명-30만 원, 3명 이상일 경우 2명을 초과한 1인당 30

만 원씩 추가)

2. 출산입양 세액공제: 해당 과세기간에 출산, 입양 신고한 경우 (출산 · 입양한 자녀가 있는 경우 첫째는 30만 원, 둘째는 50만 원, 셋째 이상은 70만 원을 공제할 수 있습니다)

3. 연금저축 세액공제: 사업자 본인 명의로 2000년 1월 1일 이후에 연금저축에 가입한 경우

4. 기장 세액공제: 간편장부대상자가 복식부기로 장부를 기록하면 기장 세액공제 (산출세액의 20%, 한도 100만 원)를 받을 수 있습니다.

5. 표준세액공제: 근로소득이 없는 거주자로서 다른 세액공제를 적용받지 않은 사업주는 연 7만 원을 종합소득세 산출세액에서 공제합니다.

참고로 2019년 귀속분 소득세 신고부터 20세 이하 자녀 모두에게 적용하던 자녀 세액공제를 7세 이상 (7세 미만 취학아동 포함) 자녀만으로 조정했습니다. 7세 미만은 한 명당 15만 원 이상의 공제

를 받을 수 없다는 의미인데, 이는 2019년부터 시작된 아동수당 지급이 이뤄지고 있기 때문입니다. 이중 혜택을 방지를 위한 조치입니다. (아동수당은 아동 1명당 매월 10만 원씩 매월 25일 받을 수 있습니다. 따라서 아동수당을 연간 120만 원 받는 게 연간 세액공제 15만 원을 받는 것보다 나은 이득입니다)

연금계좌 세액공제액은 공제대상 금액에 12%(지방소득세 포함 13.2%)를 곱해 계산합니다. 연금저축만 납입한 직장인은 최대 48만 원[400만 원(2024년부터 600만 원 한도 상향) × 12%], 퇴직연금(IRP)까지 한도액만큼 추가 납입한 경우에는 최대 84만 원[700만 원(2024년부터 900만 원 한도 상향) × 12%]까지 환급액을 늘리거나 추가부담할 세금을 줄일 수 있습니다. 하지만 상대적으로 종합소득금액이 낮은 사업자에게는 혜택을 조금 늘려줍니다. 종합소득금액이 4,000만 원 이하 사업자는 공제대상 납입액의 15%(지방소득세 포함 16.5%)를 세액공제 합니다. 결국, 연금저축만 있으면 60만 원, 퇴직연금까지 최대 납입하면 105만 원까지 세액공제 받을 수 있는 금액이 늘어나게 됩니다.

6월에 종합소득세를 신고하는 사업자가 있다

종합소득세 신고를 6월에 해도 되는 사업자들이 있습니다. '성실신고확인'이라는 것을 통보 받은 사업자들입니다. 사업 규모가 커서 꼼꼼하게 신고하라는 뜻에서 세금 신고 전에 세무대리인에게 한 번 더 성실성을 확인받으라는 것입니다. 그래서 '성실신고확인대상'이라고 합니다.

세알못 - 성실신고확인대상자는 어떤 기준으로 판단하나요?

택스코디 - 연 매출, 구체적으로는 연간 수입금액을 기준으로 일정액 이상이면 성실신고확인대상이 됩니다.
농업이나 도·소매업은 연 15억 원 이상, 제조업이나 숙박업, 음식점업은 7억 5,000만 원 이상이면 성실신고확인을 받아야 합니다. 부동산 임대업이나 서비스업종은 5억 원만 넘어도 성실신고확인 대상으로 구분됩니다. 이때 기준이 되는 수입금액에는 간주임대료나 판매장려금,

신용카드 세액공제를 받은 금액, 사업양수도를 했다면 재고자산의 시가상당액도 포함합니다.
참고로 둘 이상의 업종을 겸영하거나 사업장이 둘 이상이면 주된 업종을 기준으로 수입금액을 환산해서 성실신고확인 대상 여부를 판단합니다.

성실신고확인대상자는 종합소득세 신고서 작성 후에, 그 신고서가 성실하게 작성됐는지를 한 번 더 확인받아야 합니다. 이때 확인하는 세무대리인에게 추가로 확인비용도 지출해야 합니다. 덩치 큰 사업장이라는 이유로 신고과정도 복잡하고 비용도 더 나가는 것이죠. 그래서 성실신고확인대상자는 종합소득세 신고기한을 6월 말까지로 1달 더 연장해 줍니다.

그리고 성실신고확인비용도 보전해줍니다. 세무사 등 대리인에게 지출하는 성실신고확인비용의 60%를 최대 120만 원까지 세액공제 받을 수 있고, 남은 비용도 전액 필요경비로 넣어서 경비 처리할 수 있습니다.

또 성실신고확인 대상 사업자에게는 근로자의 연말정산과 같이 의료비 세액공제와 교육비 세액공제, 월세 세액공제도 할 수 있는 혜택을 줍니다.

의료비 세액공제는 사업소득의 3%를 초과하는 부분부터 공제

대상이 되며, 공제대상 의료비의 15%를 최대 700만 원까지 세액공제 합니다.

교육비도 15%를 세액공제 합니다. 직장인과 마찬가지로 본인과 장애인을 위해 지출한 교육비는 공제 한도가 없고, 영유아나 취학 전 아동, 초중고생 교육비는 300만 원까지, 대학생 교육비는 900만 원까지만 공제됩니다.

사는 곳에서 월세를 부담하고 있다면, 지출한 연간 월세액(750만 원 한도)의 15%를 세액공제 받을 수 있습니다. (참고로 소득세법상 성실신고사업자로 조세특례제한법에 따른 의료비, 교육비 세액공제 등의 신청을 하지 않은 경우, 연 17만 원이 세액공제가 됩니다)

반대로 성실신고확인대상 사업자가 성실신고확인을 받지 않으면 각종 제재를 받게 됩니다. 만약 일반 사업자들처럼 종합소득세 신고서만 낸다면, 세액의 5%를 성실신고확인서 미제출 가산세로 물어야 합니다.

그리고 국세청의 세무조사에 노출됩니다. 성실신고확인의무를 위반한 사업자는 수시 세무조사 대상에 선정될 확률이 높아지기 때문입니다. (수시 세무조사는 연초에 매출 규모나 신고성실도에 따라 일괄 선정하는 정기 세무조사와 달리 소득탈루나 탈세 혐의가 있는 경우에 수시로 선정해 실시하는 조사입니다)

직원,
더 뽑을까 말까?

　기업의 고용을 장려하기 위해 세법에서는 여러 가지 조세특례 제도를 두고 있습니다. 만약 직원을 더 뽑을 계획이 있다면 내 사업장에 해당하는 고용 관련 공제들이 무엇이 있는지 알아보는 게 우선입니다.

　첫 번째는 고용을 증대시킨 기업에 대한 세액공제인 '고용증대세액공제'입니다. 2018년도에 범위가 확장된 고용증대세액공제는 직원을 고용해 직전 과세연도의 상시근로자 수보다 증가한 경우 2년간 (중소나 중견기업의 경우에는 3년간) 공제를 해주는 제도입니다. 공제금액은 청년, 장애인, 60세 이상인 근로자의 경우와 그외 근로자의 증가 인원수에 따라 달라집니다. (이때 상시근로자 수는 해당 사업연도의 매월 말 근로자 수의 평균을 의미하며 근로계약 기간이

1년 미만인 근로자, 근로기준법에 따른 단시간 근로자, 임원, 최대주주 또는 최대 출자자와 그 배우자, 직계존비속은 근로자에서 제외하고 있습니다)

예를 들어 수도권 내 중소기업이 2020년부터 2022년까지 청년을 1명씩 더 고용한다고 가정하면, 2020년도에는 1,100만 원, 2021년에는 2,200만 원, 2022년에는 3,300만 원의 세액공제를 받을 수 있습니다.

고용증대세액공제의 핵심은 '사후관리'입니다. 만약 향후 고용이 감소하는 경우에는 공제받은 금액에 대해 추징이 되니 이 점 또한 유의해 고용 계획을 세우는 것이 좋습니다. 사후관리기간 동안 상시근로자 수 또는 청년 등 상시근로자 수가 최초 세액공제를 신청한 사업연도보다 감소했다면 법정 산식에 따라 기존 세액공제 신청액 중 감소한 근로자 수에 해당하는 금액을 계산해 감소한 사업연도의 법인세와 소득세에 추가해 납부해야 합니다. 이외에도 그해에 부과된 법인세나 종합소득세가 공제금액에 미달하면 10년간 이월해서 공제 가능합니다.

두 번째는 중소기업 사회보험료 세액공제입니다. 고용을 증대시킨 기업을 대상으로 사회보험료를 공제해주는 제도입니다. 중소기업이 직원을 고용해 직전 과세연도의 상시근로자 수보다 증가한 경우에는 2년간 세액을 공제받을 수 있습니다. 청년, 경력단절 여성의 경우에는 고용증가 인원에 사회보험료 부담액을 곱한 금액 전부를 공제받을 수 있고, 청년, 경력단절 여성 외의 상시근로자 수 증가 인원에 대해서는 고용증가 인원에 사회보험료 부담액을 곱한 금액의 50%를 공제해줍니다.

따라서 중소기업이며 사회보험률이 10%인 회사에서 2021년에는 청년 1명, 2022년에는 청년 1명을 추가 고용해 청년 2명을 고용하고 청년 1인당 급여를 3,000만 원을 지급하고 있다고 가정한다면 공제를 받는 첫 번째 해에 해당하는 2021년에는 총 300만 원을, 2022년에는 총 600만 원을 공제받을 수 있습니다.

이렇게 중소기업에서 직원을 고용하게 되면 사회보험료 부담액에 대해 공제가 가능하니 해당 제도를 적극적으로 활용해볼 것을 권합니다. 2022년 1월 1일부터는 향후 고용이 감소하는 경우에는 공제받은 금액에 대해 추징이 되니 이 점 또한 유의해야 합니다. 고용증대세액공제처럼 중소기업 사회보험료 세액공제도 10년간 이월해 공제 가능하다는 점도 기억해 둡시다.

세 번째는 통합 투자세액공제입니다. 2020년도 말 투자세액공제가 통합 투자세액공제로 개정되면서 혜택이 더욱 커졌습니다. 특히 수도권 과밀억제권역 밖에서 중소기업을 운영하는 사업자라면 더욱 눈여겨보면 좋습니다. 기존 투자세액공제의 경우 중소기업이라면 3% 정도의 세액공제를 받을 수 있었지만, 현행 통합투자세액공제의 경우에는 10%로 공제의 폭이 훨씬 넓어졌기 때문입니다.

공제대상 자산으로는 기계장치 등 사업용 유형자산이 있습니다. 수도권과밀억제권역 외에 있는 중소기업이 사업용 고정자산(기계장치)을 1억 원어치 매입한다고 가정한다면, 1억 원의 10%에 해당하는 1,000만 원을 공제받을 수 있는 거죠. 단 토지나 건축물은 제외되며 비품을 비롯해 어떤 업종이든 상관없이 사용할 수 있는 자산이나 중고품, 리스 자산은 공제대상에서 제외됩니다.

공제금액은 기본공제금액과 추가공제금액으로 나뉩니다. 기본공제금액은 해당 과세연도에 투자한 금액의 1%(중견기업은 3%, 중소기업은 10%)이며, 추가공제금액은 해당 과세연도에 투자한 금액이 해당 과세연도의 직전 3년간 연평균 투자 또는 취득금액을 초과하는 경우 초과하는 금액의 3%에 상당하는 금액입니다. 한도는 기본공제금액의 2배까지로 정해져 있습니다. 해당 세액공제 또한 10년간 이월해 공제 가능합니다.

마지막은 창업 중소기업 등에 대한 세액감면입니다. 신규로 창업하는 중소기업에 대해 5년간 법인세나 종합소득세를 50%까지 감면해 주는 제도입니다. 특히 청년에 해당하는 자가 수도권과밀억제권역 외의 지역에서 창업하면 100% 세액감면이 가능합니다. 창업한 지 5년이 되지 않은 대표라면 해당 세액공제 대상에 속하는지 유심히 살펴봐야 하고, 현재 창업을 계획 중이라면 적용 여부를 따져보는 게 도움이 될 것입니다. 단, 모든 업종이 공제가 가능한 것은 아니고 표준산업분류에 따른 감면 대상에 해당하는 업종만 공제가 가능하니 이를 확인해 봐야 합니다.

당신의
신고 유형은
무엇인가요?

사업 시작 첫해, 세무사 꼭 필요할까?

"영세한 사업장은 기장을 맡기지 않고, 혼자 신고해도 된다", "사업 첫 해는 세금 신고할 게 많지 않다"

이런 말을 듣고 스스로 세무 업무를 처리하다 이익이 발생하고 사업이 안정되고 나서 세무사를 찾기도 합니다.

세알못 - 그렇다면 영세하거나 사업 첫해인 사업자는 당장에 기장을 맡기지 않아도 되나요?

택스코디 - 이는 사업의 형태와 내용에 따라 다릅니다. 먼저 장부작성은 '간편장부', '복식부기'라는 의무화된 기장유형 따라 다르게 진행되므로 내가 어떤 유형의 장부작성의무가 있는지 확인부터 해야 합니다.

먼저 간편장부대상자란 사업과 관련된 거래내용을(가계부를 쓰듯이) 수입, 지출로 기록하고 재산상태를 단순 증감형태로 기록하면 이를 '장부'로 인정하는 유형입니다. 회계 관련 지식이 없어도 간편하게 작성할 수 있습니다. (마음만 먹으면 세무사 또는 회계담당자의 도움 없이도 작성할 수 있습니다) 참고로 신규로 사업을 개시한 사업자는 간편장부대상자입니다.

한편 복식부기의무자는 사업과 관련된 재산상태와 거래내용을 일별로 이중으로 기록해 장부를 작성하고 재무상태표, 손익계산서 등 재무제표를 제출해야 하는 유형입니다. 회계 지식을 바탕으로 작성해야 하므로 세무사의 도움을 받아 작성하는 경우가 많습니다.

개인사업자는 규모에 따라 장부작성 의무유형이 다릅니다. 규모 기준은 업종별로 다릅니다. 업종별 기준금액은 다음과 같습니다. (참고로 법인사업자의 경우 무조건 복식부기의무자에 해당하므로 장부작성 의무유형을 판단할 필요 없이 복식부기에 의해 장부를 기록하고 비치해야 합니다)

알아두면 쓸모 있는 세테크 상식 사전 **사장님 절세법**

업종	간편장부대상자	복식부기의무자
농업, 임업, 어업, 광업, 도매 및 소매업, 부동산매매업 (제122조 제1항) 등	3억 원 미만자	3억 원 이상자
제조업, 숙박업, 음식점업, 전기/가스/증기 및 수도사업, 하수/폐 기물처리 및 환경복원업, 건설업 운수업, 출판/영상/방송통신 및 정보서비스업, 금융 및 보험업, 상품중개업 등	1억 5천만 원 미만자	1억 5천만 워 이상자
부동산임대업, 부동산관련 서비스업, 임대업, 전문과학 및 기술 서비스업, 교육 서비스업, 보건업 및 사회복지서 비스업, 개인 서비스업 등	7천 5백만 원 미만자	7천 5백만 원 이상자

단 의사, 변호사 등 전문직사업자는 무조건 복식부기의무자 입니다.

예컨대 교육서비스업 사업자가 복식부기 기준금액 7,500만 원을 초과하면 복식부기의무자입니다. 도소매업 사업자가 복식부기 기준금액이 3억 원 미만이면 간편장부대상자가 됩니다.

참고로 사업에 적자가 발생할 때 장부를 작성하면 유효기간 15년짜리 세금 마일리지를 적립할 수 있습니다. 사업 초반에 사업주가 손실이 나면 손실이 적립되다가 15년 이내에 이익이 나면 이익에서 과거의 손실을 차감해줍니다. 이를 '이월 결손금'이라고 합니다. 이월 결손금은 금액이 얼마인지, 언제 발생했는지가 장부와 증빙으로 사실이 객관적으로 입증돼야만 인정받을 수 있습니다. 이월 결손금은 세금 절감효과가 있습니다. 특히 사업 구조상 사업 초반에 큰 적자면서 이후에 큰 흑자로 전환되는 특징을 가진 산업군은 반드시 장부를 작성해서 이월 결손금을 활용해야 합니다.

추계신고,
장부작성 없이
신고할 수 있다

세알못 - 세무서에서 기준경비율 대상자인데, 단순경비율로 신고했다고 다시 신고하라고 연락이 왔습니다.

택스코디 - 전년도 단순경비율 대상자들이 종종 다음 해에도 단순경비율로 신고할 때가 있습니다.

종합소득세 신고를 하는 방법은 크게 두 가지가 있습니다. 첫 번째는 수익, 비용 장부를 작성해서 신고하는 방법, 두 번째는 파악된 수입금액을 기반으로 대략적인 경비를 계산해 신고하는 방법입니다. 이런 추계신고 시 장부를 작성할 필요 없이 소득세 신고가 가능하므로 영세사업자들은 추계신고방법을 선택하는 경우가 많습니다. 복식부기의무자라도 추계신고방법을 선택하면 기준경비율을 적용해 신고할 수 있습니다.

세무사의 도움 없이 홈택스에서 가장 간단하게 신고하는 방법
은 장부를 만들지 않고 하는 '추계신고'입니다. 추계신고란 장부
를 쓰지 않고, 납세자의 업종을 고려해 업종평균수준의 경비를 지
출했다는 가정하에 세액을 계산하는 방법입니다.

유형별 종합소득세 신고 방법

납세자	유형	대상	장부작성 유형	추계신고 시 경비율
사업자	S	성실신고확인 대상자	복식부기	기준경비율
	A	세무대리인이 장부를 써야 하는 외부조정대상자		
	B	직접 장부를 써도 되는 복식부기의무자		
	C	복식부기의무자인데 추계신고했던 사업자		
	D	규모가 큰 간편장부대상자	간편장부	단순경비율
	E	규모가 작은 간편장부대상자		
	F	사업소득뿐이며 낼 세금이 있는 간편장부대상자		
	G	사업소득뿐이며 낼 세금이 없는 간편장부대상자		

세알못 - 장부를 쓰지 않아 추계신고가 편한 거 같은데, 추계신고 시
불이익은 무엇인가요?

택스코디 - 추계신고를 하는 경우엔 다음과 같은 불이익이 있습니다.

알아두면 쓸모 있는 세테크 상식 사전 **사장님 절세법**

1. 각종 공제와 감면 적용에서 배제

2. 무기장가산세 부과

소규모 사업자가 아니라면 추계신고 시 무기장 가산세(산출세액의 20%)가 부과되므로 주의가 필요합니다. 소규모 사업자는 다음과 같습니다.

- 해당 과세기간 신규로 사업을 개시한 자
- 직전 과세기간 사업소득 수입금액 합계액이 4,800만 원에 미달하는 자
- 연말정산 사업소득만 있는 자 (방문판매원, 보험모집인 등)

11월에도
종합소득세를
내야 한다?

종합소득세도 중간예납이라는 중간정산 절차가 있습니다. 상반기 중에 발생한 소득에 대해 11월에 소득세를 계산하여 납부하는 절차입니다. 사업자가 신고하지 않고 국세청이 계산해서 고지서를 발송합니다.

하지만 과세연도 중에 신규로 사업을 시작한 사업자는 중간예납 납부대상에서 제외됩니다. 창업 첫해에는 당장 소득세를 낼 필요는 없는 셈입니다.

종합소득이 있는 개인사업자는 매년 11월 30일까지 종합소득세 중간예납세액을 내야 합니다.

중간예납세액은 5월에 낸 종합소득세액의 '절반'으로 다음 해 종합소득세 확정신고 시 내야 할 세액에서 공제됩니다. 올해 신규로 사업을 새로 시작했거나(또는 올해 6월 30일 이전 휴·폐업), 이자·배당·근로소득 등 원천징수되는 소득만 있는 납세자의 경우 중간예납을 할 필요가 없습니다. 또 중간예납세액이 50만 원을 넘지 않았을 때도 납부대상에서 제외입니다.

만약 사업 부진으로 올해 상반기 소득세액 계산액, 즉 중간예납 추계액이 중간예납기준액의 30%에 못 미치면 국세청이 고지한 중간예납세액(중간예납기준액의 50%) 대신 직접 산출한 중간예납 추계액을 이달 말까지 신고·납부할 수도 있습니다.

중간예납 추계액 신고 시 납부기한이 자동으로 연장되지 않습니다. 납부기한 연장을 원하는 경우 별도로 신청해야 합니다.

국세청 홈택스(www.hometax.go.kr)에서 '신고·납부→세금신고→종합소득세→중간예납 추계액 신고' 이 절차를 따르면 됩니다.

참고로 매출 감소 등으로 어려움이 있는 경우, 국세청 홈택스를 통해 신청하면, 최대 9개월간 납부기한을 연장받을 수 있습니다.

종합소득세 중간예납 고지서 (국세 고지서)도 우체국 택배처럼 상세한 배달 진행 상황을 모바일(카카오톡 등)을 통해 받아볼 수 있습니다. 납세자가 홈택스(또는 손택스)로 로그인 후 휴대전화번호를 등록하고 개인정보 우정사업본부(제3자) 제공에 동의하면 신청이 완료됩니다. 송달되는 고지서와 관련한 정보를 모바일(우체국 알림톡)로 확인할 수 있습니다.

> **세알못 - 중간예납금액이 3천만 원이 나왔습니다. 분할납부도 가능한가요?**

> **택스코디 - 분납도 가능합니다. 다음과 같습니다.**

종합소득세 중간예납 분납 방법

- 세액 금액 2천만 원 이하 : 1천만 원을 초과하는 금액은 다음 해 1월 말까지 분납 가능
- 세액 금액 2천만 원 초과 : 고지된 세액의 50% 이하의 금액을 다음 해 1월말 까지 분납 가능

세액이 3천만 원이면 우선 11월 말까지 50%를 초과하는 금액을 내야 합니다. 50%로 계산했을 때 1,500만 원을 11월 30일까지 먼저 내고 나머지 1,500만 원은 내년 1월 말까지 내면 됩니다.

세무대리인 도움이
꼭 필요한 시기가 있다

1년 동안 신고·납부해야 하는 세금일정은 부가가치세 2회(또는 4회), 종합소득세(법인세) 1회 및 각종 원천세와 예정고지 등 복잡하고 다양합니다. 따라서 자금계획을 수립해놓지 않는다면 곧 내야 할 세금을 생각하지 못해 자금을 미리 마련해 놓지 못하는 경우 세금 납부의 압박을 받게 되며, 납부기한이 경과 하면 가산세가 발생합니다.

2022년 귀속 종합소득세 신고는 2023년 5월에 하게 됩니다. 따라서 통상 해가 바뀌고 종합소득세 신고 기간이 돼서 세무사에게 문의합니다. 신고 기간에는 이미 2022년 수입과 비용이 확정됐기 때문에 바꿀 수 있는 것이 많지 않습니다. 따라서 미리 준비하지 않으면 원하는 절세효과들을 얻을 수 없습니다.

종합소득세 신고 유형은 총 13가지의 알파벳 명칭으로 나뉘고, 사업자는 다시 S, A, B, C, D, E, F, G, I, V의 10개의 유형으로 구분됩니다. 그중에서도 A 유형은 반드시 세무사(세무사 등록을 한 공인회계사 포함)를 통해서 장부를 쓰고, 세무조정을 해야 하는 사업자들입니다.

일정 규모 이상의 사업자들은 소득세 신고를 할 때, 과세표준과 소득금액 계산이 맞게 된 것인지를 확인한 '조정계산서'를 제출해야 합니다. 조정계산서를 작성하는 것을 '세무조정'이라 하고 이를 사업자 스스로 하는 것은 '자기조정', 외부의 세무대리인을 통해서 하는 것은 '외부조정'이라고 합니다.

A 유형은 외부조정대상 사업자이기 때문에 반드시 세무사가 작성한 조정계산서를 첨부해서 종합소득세를 신고해야 합니다. 전년도 수입금액 기준으로 농업, 임업, 도소매업 등은 6억 원 이상이면 외부조정대상이며, 제조업이나 숙박업, 음식점업은 3억원 이상, 부동산임대업, 사업서비스업, 교육서비스업 등은 1억 5,000만 원 이상이면 외부조정을 해야 합니다.

만약 A 유형이 세무사를 통하지 않고 자기조정으로 신고하면, 신고했더라도 하지 않은 것과 같아서 무신고가산세를 물어야 합니다.

외부조정대상은 특히 복식부기로 장부를 써야 하는 복식부기의
무자이기도 합니다. 장부를 쓰더라도 반드시 자산과 부채, 자본,
그리고 비용과 수익 등의 흐름을 총합계가 같도록 일치시켜서 정
리하는 복잡한 방식의 '복식부기'로 써야 하죠. 따라서 외부조정
대상은 이미 세무사에게 장부도 맡기고, 그 작성에 드는 비용, 즉
기장료도 내는 사업자들이 대부분입니다.

외부조정대상은 장부작성과 증빙서류를 보다 꼼꼼하게 챙길 필
요가 있습니다. 가공인건비를 경비로 올리거나 소득을 누락 하는
행위 등 불성실신고에 대한 검증을 보다 확실하게 하려고 외부조
정의무를 두는 것이기 때문입니다. 국세청의 검증도 상대적으로
까다롭게 진행될 가능성이 큽니다.

창업하자마자
장부를 작성하는 게
유리할 수 있다

세알못 - 창업하자마자 회계 장부를 작성하는 게 유리할 수 있다고 하는데, 구체적으로 얼마나 절세효과가 있는 건가요?

택스코디 - 창업 첫해 매출액을 1억 원이라고 하고, 장부작성 시 첫해 5천만 원 손실이 나고 다음 해 5천만 원 이익이 났다고 가정을 해봅시다. 장부작성을 했을 경우와 그렇지 않은 경우를 비교하면 다음과 같습니다.

- 첫해에 장부를 작성하지 않았을 경우: 수입금액에 대해 경비율이라고 하는 일정 비율을 적용하여 비용을 인정받게 되며, 이때 2년간 소득세는 총 8백30만 원(가정 금액)입니다.

- 첫해부터 장부를 작성했을 경우: 첫해의 손실을 다음 해에

사용해 2년간 세금이 발생하지 않아 상대적으로 8백30만 원의 세금을 내지 않아도 됩니다.

세알못 - 창업 초기에 제일 궁금한 점 중 하나가 회사를 운영하는 데 있어서 각종 세금을 어떻게 하면 줄일 수 있느냐일 텐데요. 장부작성 하는 것 이외에 세금 줄이는 방법, 또 어떤 게 있나요?

택스코디 - 절세라고 하면 거창하게 느낄 수 있는데, 가장 큰 절세 방법은 사업상 사용한 경비를 비용 인정받는 것입니다. 사업상 비용 발생 시 꼭 법정 증빙서류인 세금계산서, 계산서, 현금영수증, 신용카드 매출전표를 수취해야 합니다.

거래처의 경조사로 축의금 조의금 등을 보낼 때는 법적 증빙서류를 갖추기 어려운데, 이 경우 경조사 건당 20만 원까지는 법적 증빙이 없어도 비용 처리할 수 있습니다.

또 사업과 관련된 차입금의 경우 당연히 이자 비용의 비용처리가 가능하지만, 가지급금과 같은 사업과 무관한 자산을 보유하신 경우 관련 자산에 해당하는 이자 비용은 비용처리가 될 수 없다는 점은 유의해야 합니다.

세알못 - 일반음식점을 개업했는데, 주류도 파는 술집입니다. 주점이면 청년창업 감면 대상이 아닌 것으로 아는데, 본사에서는 일반음식점이라 가능하다고 하네요. 저도 청년창업 감면이 가능한가요?

택스코디 - 업종이 주점 및 비알코올 음료점업인 경우에는 감면 적용이 안 되지만, 한국표준산업분류표상 음식점업에 해당한다면 감면을 받을 수 있습니다. 일반음식점업은 식사와 함께 '부수적으로 음주 행위가 허용'되는 영업장입니다. 정확한 분류확인은 한국표준산업분류에서 대분류로 확인 가능합니다.

세알못 - 아버지 명의로 된 식당에서 근무 중인 아들입니다. 기존 아버지 식당을 폐업한 후 제가 물려받아서 상호를 바꾸고 새로운 음식점으로 개업하는 때에도 청년창업중소기업감면 혜택을 받을 수 있나요?

택스코디 - 포괄적인 양수도를 통해 종전 사업을 승계하거나 종전 사업에 사용하던 자산을 인수 또는 매입해 같은 종류의 사업을 하면 청년창업중소기업 세액감면대상인 창업으로 보지 않습니다. 기존식당의 자산을 그대로 사용한다면 폐업 후 신장개업을 하더라도 창업이 아니라는 것입니다.
다만 종전에 사업에 사용되던 자산가액의 합계가 사업개시 당시의 토지, 건물 및 기계장치 등 사업용자산의 총가액 중 30% 이하이면 창업으로 인정될 수 있습니다.

PART 05

사장님이 알아두면 쓸모 있는 세금 상식, 노무 상식, 근로기준법, 급여 계산, 4대 보험

숫자 5가
중요하다

원천세,
직원을 둔 사장님이라면
꼭 챙겨야 한다

세금은 국세와 지방세로 구분됩니다. 사장님이 접하는 세금 중 부가가치세를 제외하고 소득세(법인은 법인세), 원천세는 국세와 지방세 둘로 나눠 부과됩니다.

따라서 세금을 한 번에 한곳에 내는 게 아니라 근로자에게 원천 징수한 소득세와 지방세를 각각 돌아오는 달 10일까지 사장님이 신고 · 납부해야 합니다. 예를 들어 2월에 급여를 지급했다면 3월 10일까지 신고 · 납부해야 합니다.

직원을 둔 사장님이 내는 원천세는 소득세와 지방세 각각 납부 방식이 다릅니다. 소득세는 홈택스를 통해 내면 되고 지방세는 위택스에서 확인 후 낼 수 있습니다.

국세인 소득세의 경우 납부서에 계좌이체 할 계좌번호가 나와서 편리하게 낼 수가 있습니다. 우편으로 받은 고지서에 적인 가상계좌로 납부기한 내 이체하면 됩니다. 반면 지방세의 경우에는 전자납부번호가 나와서 은행 사이트의 공과금에서 납부하거나, 위택스를 통해 내면 됩니다.

세알못 - 기한 내 원천세를 내지 못했다면, 어떤 불이익이 있나요?

택스코디 - 만약 기한 내 내지 못했다면 납부불성실가산세가 발생하게 됩니다. 다음과 같이 계산합니다.

- 납부불성실가산세 = (납부하지 않은 세액 혹은 덜 납부한 세액 x 3%) + (미납세액 x 0.022% x 미납일수)

의 공식을 통해 계산하며 가산세는 미납세액의 10%를 넘어가지 않도록 한도가 정해져 있습니다. 미납일 수에 따라 가산세가 매일 붙게 되니까 최대한 빨리 내는 게 가장 좋은 방법이겠죠.

원천세는 사장님이 직원에게 급여에 대한 소득세를 공제하고 지급한 뒤 사업장 관할 세무서에 신고·납부하는 세금입니다. 즉 직원들이 내야 할 소득세를 사장님이 대신 납부해 주는 거죠.
 직원 개인이 각각 소득세를 신고·납부하는 게 원칙이긴 하지만, 소득을 개별적으로 신고하는 건 납세자 입장에서 부담이 될 수 있으므로 정부가 사장님을 통해서 직원 인건비를 비용으로 인정받을 수 있게 하고 원천징수해 신고·납부하는 의무를 준 것입니다.

원천세는 급여를 지급한 달의 다음 달 10일까지 신고·납부하면 됩니다. 정확하게는 '원천징수 이행상황신고서'를 제출하는 겁니다.

만약 급여가 너무 적거나 비과세대상이어서 원천징수할 세금이 없더라도 신고는 해야 합니다. 그래야만 사업자의 비용(인건비)으로 인정받을 수 있습니다.

사업자가 매월 원천세를 신고하기가 쉽지 않을 수 있습니다. 그래서 상시 고용인원 20인 이하인 소규모 사업장에 대해서는 6개월(반기)에 한 번씩 원천세를 신고납부할 수 있도록 반기납부를 허용하고 있습니다.

반기납부대상 원천징수의무자는 반기의 마지막 달 다음 달의 10일까지 신고·납부해야 합니다. (1~6월분은 7월 10일까지, 7~12월분은 다음 해 1월 10일까지 신고·납부하는 것입니다)

반기납부를 희망하는 사업자가 서면이나 홈택스에서 반기납부

승인신청서를 내고, 승인되면 반기납부가 가능합니다. 반대로 반기납부에서 다시 월별납부로 돌아가려는 경우에는 반기납부 포기신청서를 제출해야 합니다.

근로 형태에 따른 지급명세서 제출 시기를 살펴보자

인건비는 사업자의 지출임과 동시에 직원에게는 소득에 해당합니다. 그만큼 국세청과 4대 보험 공단이 관심을 많이 가지는 경비입니다. 또 사업자의 경비 중 상당히 큰 부분을 차지하기 때문에 문제가 생기지 않도록 꾸준한 관리가 필요합니다.

다시 복습하자면 사장님은 1년간 크게 부가가치세 신고 2번, 종합소득세 신고 1번 총 3번의 세금 신고를 해야 합니다. 여기에 직원을 고용하게 되면 추가로 신고할 사항들이 생깁니다. 추가 신고 사항으로는 한 달에 한 번 진행하는 원천세 신고와 지급명세서 제출이 있습니다.

참고로 직원을 채용할 때 흔히 4대 보험을 신고하는 '상용직', 일급 또는 시급으로 단시간 근무하는 '일용직', 3.3% 원천징수 하는 '사업소득' 중 고용유형부터 선택해야 합니다.

택스코디 - 사장님이 지급명세서를 제출해야 하는 이유는 나라에서 직원들의 소득을 파악하기 위해서입니다. 사장님이 직원에게 매달 월급을 주면 월급을 준 날의 다음 달 10일까지 원천징수를 해서 원천세를 신고·납부해야 합니다. 원천세를 신고·납부하면 나라에서는 한 사업장에서 지급한 급여의 총액이 얼마이고, 몇 명에게 지급했는지, 그리고 소득세(원천징수세액)가 얼마인지 알 수가 있습니다. 하지만 이 사실만으로는 누구에게 얼마만큼의 급여를 각각 지급했는지까지는 세세하게 알 수가 없습니다. 그래서 제출하는 것이 지급명세서입니다.

지급명세서에는 원천징수 내용을 적은 원천징수이행상황신고서를 바탕으로 인적사항과 지급 내역을 구체적으로 써야 합니다. 지급명세서의 경우 소득이나 근로 형태에 따라 제출 시기 등이 달라서 헷갈릴 수가 있습니다.

세알못 - 소득이나 근로 형태에 따른 지급명세서 제출 시기가 어떻게 되나요?

택스코디 - 다음과 같습니다.

1. 일용근로소득 지급명세서 (매월 지급명세서 제출: 총 12번)

첫 번째는 일용근로소득 지급명세서입니다. 지급명세서 제출 시기가 바뀌기 전에는 (2021년 6월까지 소득 지급분)에는 분기당 1회씩 4월, 7월, 10월, 다음 해 1월, 총 네 번만 제출하면 됐습니다. 하지만 제출주기가 바뀌면서 2021년 7월부터의 지급한 소득은 매월 1회로 다음 달 말일까지 제출해야 합니다. 예를 들어 11월에 지급한 근로소득에 대해서는 12월 31일까지 제출해야 하는 거죠.

2. 상용근로소득 간이지급명세서 (지급명세서 1번 + 간이지급명세서 2번: 총 3번)

두 번째는 상용근로소득 간이지급명세서입니다. 예전(2018년 12월까지 소득 지급분)에는 1년에 한 번만 지급명세서를 제출하면 됐었지만, 2019년 1월부터 지급한 소득에 대해서는 반기 당 1회씩 7월과 다음 해 1월 제출이 추가됐습니다. 즉 1년에 세 번 제출하는 거죠. 예를 들면 1월부터 6월까지의 소득에 대해서 7월 31일까지 간이지급명세서를 제출하면 됩니다.

3. 프리랜서 사업소득 간이지급명세서 (지급명세서 1번 + 월별 간이지급명세서 12번: 총 13번)

마지막은 프리랜서가 내는 사업소득의 간이지급명세서입니다. 예전(2018년 12월까지 소득의 지급분)에는 1년에 한 번 지급명세서 제출의무만 있었지만, 2019년 1월부터 지급한 소득은 반기 당 1

번씩 7월과 다음 해 1월로 변경됐고, 2021년 7월부터는 일용근로 소득처럼 매월 1회로 다음 달 말일까지 제출해야 합니다. 마찬가 지로 11월에 지급한 소득은 12월 31일까지 제출하면 됩니다.

　매월(상용근로소득의 경우 반기) 제출해야 하는 지급명세서의 제출 시기를 놓치게 되면 가산세가 부과됩니다. 간이 지급명세서를 제출하지 않거나 내용이 분명하지 않으면 0.25%의 가산세가 부과됩니다.

　다만 사업소득과 일용근로소득의 경우에는 1개월 이내, 상용근로소득의 경우에는 3개월 이내에 제출하면 감면받을 수 있습니다. 총 50%가 감면돼 0.125%를 부과합니다. 제출기한이 1개월로 짧은데 사업 운영으로 바빠 제출 기간을 놓쳐 가산세가 부과되는 경우가 많습니다. 따라서 제출 기간을 놓치지 않도록 주의해야 합니다.

근로계약서,
적극적으로
작성해야 한다

창업할 때 임대차계약서는 작성하나요? 이 질문에 망설임 없이 '예'라고 답을 할 것입니다.

그러면 직원을 채용하면 근로계약서는 작성하나요? 근로계약서 미작성으로 고발을 당했다는 사장님의 소리를 듣고 마지못해 근로계약서를 작성하는 경우가 많습니다. 그런데 근로계약서도 임대차계약서와 같이 적극적으로 작성해야 합니다.

임대차계약서를 작성하는 이유는 임대차계약이 종료되었을 때 임대보증금을 돌려받기 위해서입니다. 이를 위해 공인중개사에게 수수료까지 지급하면서 계약서를 작성합니다.

근로계약서를 적극적으로 작성해야 하는 이유는 사장님이 채용한 직원에게 소정의 급여를 정당하게 지급했다는 증명자료이기 때문입니다.

세알못 - 직원의 통장으로 급여를 지정한 날 지급하면, 근로계약서 작성 여부와 상관없이 증명되지 않나요?

택스코디 - 물론 직원의 통장에 입금된 금액을 임금으로 지급했다는 근거가 될 수는 있습니다. 그러나 통장에 입금된 금액이 모든 임금이 정확히 지급되었다는 승빙이 되지는 못합니다.
만약 매월 통장으로 200만 원을 받은 직원이 자신의 월급은 원래 250만 원이라고 주장한다면, 애초에 당사자 간에 급여를 200만 원으로 합의했다는 사실을 증명하기가 곤란해집니다.
그리고 200만 원의 임금이 어떤 조건으로 결정된 금액인가를 정확히 설명할 수 있어야 합니다. 가령 1주에 45시간 근무하기로 합의하고, 200만 원을 지급했는데, 직원이 200만 원은 주 40시간에 대한 대가라서 나머지 5시간의 대가를 별도로 받기로 했다고 주장하면 이 또한 증명해야 합니다.

소규모 사업장에서 이런 사실을 구체적으로 증명할 수 있는 유일한 증빙이 바로 근로계약서입니다. 그러므로 근로계약서는 근로기준법에서 정한 의무사항이니까 적는 것이 아니라 반드시 작성해야 하는 계약서입니다. 임금 지급의 근거를 분명히 하기 위해서라도 적극적으로 근로계약서를 작성할 필요가 있는 것입니다.

대부분 사장님이 근로계약서 작성을 소홀히 하는 이유는 직원과 문제가 생기지 않을 것이라는 막연한 믿음 때문일 것입니다. 그러나 소규모 사업장에서 직원과 사업주 간의 노동분쟁은 계속

증가하고 있습니다.

세알못 - 채용하기로 한 직원이 경제적으로 어려운 사정을 얘기하여 4대 보험 가입을 원하지 않고, 신용 불량자라서 배우자의 통장으로 급여를 받기를 원했습니다. 저는 딱한 사정을 들어주는 대신에 근로계약서 상에 해당 내용을 기록하기로 직원과 합의해 다음과 같이 근로계약서 하단에 적었습니다.

(특약) 4대 보험은 직원이 가입을 원하지 않았으며, 월 급여는 배우자의 통장으로 받기로 하였음. 이는 모두 직원이 원한 것이며, 법률적으로 문제가 발생할 경우, 모두 직원이 책임지기로 함.

택스코디 - 이런 사례도 비일비재합니다. 사업을 하다 보면 주로 민법 및 상법상의 계약을 하게 되는데, 민법에서는 기본적으로 당사자 간에 합의한 약속의 효력을 인정하기 때문에, 근로계약도 마찬가지라고 생각합니다. 그러나 근로기준법 같은 노동법은 사용자가 지켜야 할 최소한의 원칙을 규정한 법이기 때문에, 당사자끼리 합의를 했더라도 노동법이 정한 기준을 지키지 않아도 되는 것이 아닙니다. 즉 노동법은 무조건 지켜야 하는 법입니다.

따라서 사용자와 근로자 간의 합의 사항을 근로계약서에 특약으로 기재를 하더라도 법적으로 인정되지 않아 합의 사항은 아무런 효력이 없습니다.

사장님의 사례에서도 직원의 4대 보험은 가입기준에 충족되는 근로자라면 무조건 가입해야 합니다. 임금도 근로기준법상 반드시 근로자 본인에게 지급하도록 강제되어 있으므로, 계약 당사자 끼리 합의했더라도 괜찮은 것이 아닙니다. 다시 강조하지만, 근로계약서 상의 특약 사항은 무효이며, 실제로 법적인 책임은 사업주가 져야 합니다. 법을 위반하는 내용을 근로계약서에 써넣는 것은 법적인 효력은 당연히 없고 스스로 법을 위반하고 있음을 명시하는 행위가 된다는 것을 알고 있어야 합니다.

가족도 직원 등록이 가능하다

　　가족이더라도 실제로 근무하는 직원이라면 사업과 관련된 비용 (인건비)으로 비용처리가 가능합니다. 다만 단순히 세금을 줄이기 위하여 실제로는 근무하지 않는 가족을 직원으로 등록해 인건비 신고를 한다면 추후 세무조사를 받는 경우 수년간의 세금을 일시에 추징당할 수 있으므로 주의가 필요합니다. 평소 가족이 근무한 사실을 명확하게 입증할 수 있도록 출퇴근기록부 등을 작성해 두는 것이 필요합니다.

세알못 - 가족 직원을 사업소득자로 신고할 수 있나요?

택스코디 - 직원소득의 신고 구분은 실제 근무형태나 계약으로 구분하는 것이지 유리한 방향으로 선택할 수 있는 것이 아닙니다.

일반적으로 대표자인 가족의 관리에 따라 지정된 장소에서 근무하며, 매월 월급을 받는 경우 대부분 상용근로자에 해당하므로 4대 보험에 가입하는 근로소득자로 신고해야 합니다. 간혹 4대 보험료의 부담을 줄이고자 실질이 근로자에 해당함에도 4대 보험에 가입하지 않고 3.3% 원천징수하는 사업소득으로 신고하는 때가 있습니다. 이 경우 과태료와 함께, 미가입기간 보험료가 일시에 추징될 수 있으니 주의해야 합니다.

세알못 - 그럼 가족 직원도 4대 보험에 가입해야 하는 거군요.

택스코디 - 가족도 상용직 근로자로 근무한다면 다른 직원들처럼 급여신고와 함께 4대 보험 취득신고를 해야 합니다. 다만 고용보험과 산재보험의 경우 일반적으로 동거하는 친족은 다른 직원과 달리 근로자로 보지 않기 때문에 가입대상으로 판단하지 않습니다. 그러나 무조건 가입할 수 없는 것은 아니므로 사업장의 상황에 따라 가입이 필요한 경우라면 근로복지공단에 근로자성 확인 문답서 등을 제출해 근로자성을 인정받는 절차를 거쳐 고용보험 및 산재보험의 가입이 가능합니다.

세알못 - 가족 직원의 급여는 어느 정도가 적정할까요?

택스코디 - 배우자나 자녀 등 가족 직원에게 지급한 급여가 적정금액보다 과다지급되는 경우에는 적정금액 초과 부분에 대해 비용으로 인정되지 않고 불필요한 가산세 등을 부담할 수도 있습니다.

세법에 명확하게 적정금액을 판단하는 세부기준은 없지만, 같은 지위의 제3자 (다른 직원)에게 지급하는 금액을 기준으로 판단하는 것이 가장 안전합니다. 다만 일반적으로 가족은 제3자인 직원보다 사업에 보다 적극적인 관리자 역할을 하는 경우가 많으므로 그 업무의 범위나 기여도를 급여에 반영할 수는 있을 것입니다.

세알못 - 집안일과 업무시간의 구분이 어려울 때는요?

택스코디 - 원칙적으로는 근로계약에 의한 근무시간을 지키는 것이 맞겠지만, 가족은 현실적인 이유로 인해 근무시간이 유동적일 가능성이 있습니다. 따라서 출퇴근기록을 손쉽게 관리할 수 있도록 출퇴근관리 전용 앱을 활용해 정확한 근무시간을 기록하고, 통상적인 근무시간을 초과해 근무했다면 이를 누락 없이 급여에 반영하여 실제 근무시간에 맞게 관리하는 것이 좋습니다. 기본적으로 배우자 등 가족과 함께 사업을 하고 있을 때 일과 가사의 구분이 희미해지기 쉬운데, 평소 이를 의식적으로 분리할 수 있도록 노력하는 것이 중요합니다.

세알못 - 직원인 아들에게 준 학자금은 복리후생비인가요?

택스코디 - 급여와 마찬가지로 가족이라는 이유로 다른 직원보다 특별한 차등을 두지 않고 동등하게 대우하는 것이 중요합니다. 예를 들어 법인사업장에서 내부 규정에 따라 전 직원을 대상으로 직원이나 그 직원의 자녀에게 학자금을 지원한다면 문제가 없을 것입니다. 다만 구체적인 해석은 없으나 개인사업장의 경우 직원으로 일하는 자녀의 학자금을 지원하며 급여나 복리후생비로서 비용처리하면 사업과 관련된 비용이 아닌 사적 지출로 판단될 가능성이 크니 주의가 필요합니다.

또 식대나 회식비의 경우 세무서에서는 그 지출의 경위, 위치, 결제시 간대 등을 기준으로 사업과 관련된 지출인지를 판단합니다. 따라서 업무 관련 회식은 가급적이면 업무시간과 가까운 시간대에 사업장 인근에서 하는 것이 불필요한 오해를 줄일 수 있을 것입니다.

세알못 – 법인사업장의 가족 임직원에 대한 주의 사항은요?

택스코디 – 개인사업장과 달리 법인사업장은 사업과 무관한 지출로 판단되면 법인의 비용으로 인정하지 않는 것뿐만 아니라 소득처분을 통해 그 귀속자의 소득으로도 과세하므로 주의해야 합니다.
예를 들어 대표이사가 직원으로 일하는 자녀를 위해 법인카드로 백화점에서 고가의 명품시계를 구매하고 복리후생비로 처리했다면, 시계 구입비는 법인의 비용으로 인정되지 않으므로 법인세를 부과할 뿐만 아니라 그 명품시계의 시가를 근로소득으로 보아 자녀에게 추가로 소득세를 부과합니다.

알아두면 쓸모 있는 세테크 상식 사전 **사장님 절세법**

상시근로자 수가
중요하다

상시 5인 미만의 근로자를 사용하는 사업장이라면 근로기준법

일부가 적용되지 않습니다. 적용되지 않는 주요 내용은 다음과 같

습니다.

적용배제 내용	적용이 되지 않는 결과
해고동의제한	특별한 제한 없이 임의로 근로자를 징계하거나 해고할 수 있다. 단, 출산휴가기간 및 그 후 30일, 산재요양기간 및 그 후 30일 동안은 어떠한 이유로도 해고가 금지된다.
연차, 생리 휴가	연차, 생리휴가를 부여할 법적 의무가 없다.
근로시간의 제한	1일 8시간, 1주 40시간의 법정 근로시간제가 적용되지 않으며, 연장근로에 대한 제한도 없다.
연장, 야간, 휴일근로에 따른 할증임금	연장, 야간, 휴일근로에 대해서 할증임금(50%)을 지급할 의무가 없다.
휴업수당	사용자 측 사정으로 일하지 못했던 기간에 대해서 평균 임금의 70%의 휴업수당을 지급할 의무가 없다.

우선은 근로계약 기간이 1년 이상인 근로자여야 합니다. 또 근로기준법에 따라 단시간 근로자로 구분되지 않아야 합니다. 주 15시간, 1개월간 60시간 미만의 단시간 근로를 계약조건으로 일하는 단시간 근로자는 상시근로자에서 제외됩니다. 다만, 월 60시간 이상 근로하는 근로자는 상시근로자에 포함됩니다.

또 법인의 경우 임원은 상시근로자 수에 포함되지 않습니다. 최대주주와 그 배우자, 그리고 그에 따른 직계존비속 및 친족 관계에 있는 사람도 상시근로자 수에서 제외합니다.

그밖에 소득세 등 원천징수를 이행하지 않고, 국민연금, 건강보험, 사회보험을 미납한 근로자도 상시근로자 수에서 빠집니다.

참고로 5인 미만의 사업장이라도 적용되는 주요 내용은 다음과 같습니다.

- 해고예고제도 – 정당한 이유 없이도 해고할 수는 있지만, 해고 30일 전에 예고해야 하거나 예고하지 않고 즉시 해고하려면 30일분의 통상임금을 지급해야 한다.

- 출산휴가 – 임신한 여성 근로자에 대해서 총 90일의 출산휴가를 줘야 합니다. 90일 중 60일은 회사에서 통상임금을 지급해야 합니다. 출산휴가 기간과 그 후 30일 동안은 절대로 해고할 수 없습니다.

- 임산부 야간 및 휴일 근로 금지 – 임신한 여성 근로자는 야간근로 (밤 10시부터 새벽 6시)와 휴일근로를 시킬 수 없습니다.

- 휴게 시간 – 근로시간이 1일 8시간 이상이면 1시간 휴게 시간을 근로시간 도중에 줘야 합니다.

- 주휴일 – 1주일에 소정근로시간을 만근한 경우 1일 이상의 유급휴일을 줘야 합니다.

- 임금 대장 작성 및 보관 – 근로자에게 지급되는 임금 대장을

작성하고 3년간 보관해야 합니다.

- 육아휴직 – 근로자는 자녀가 만 6세 이하로 초등학교 취학 전이면 1년 이내의 육아휴직을 부여받을 수 있습니다.

- 퇴직금제도 – 1년 이하 근속근로자에게는 퇴직금을 지급할 법적 의무가 없습니다.

급여 계산
이렇게 한다

급여 대장 작성 방법을 살펴보자

월 급여는 퇴직금 지급 조건에 따라 연봉을 1/13 (퇴직금이 포함된 경우) 또는 1/12 (퇴직금이 포함 안 된 경우)로 하면 됩니다.

비과세 소득은 통상 월 20만 원(종전 10만 원)까지의 식대, 월 20만 원까지의 운전보조금, 월 10만 원 이하의 육아수당, 생산직 근로자가 받는 초과근로수당을 말합니다. 비과세 소득을 급여에 잘 반영하면 절세효과를 볼 수 있습니다.

과세소득은 소득세를 정하는 표준 금액이 됩니다. 소득세는 근로소득 간이세액조견표에 의해 매월 원천징수하고 원천징수한 세액은 다음 달 10일까지 신고·납부해야 합니다. 간이세액조견표는 소득 구간별로 원천징수할 금액이 정해진 표로서 국세청 홈페이지에서 검색할 수 있습니다. 참고로 지방소득세는 소득세의

10%입니다.

또 고용보험료, 국민연금, 건강보험료는 근로자와 사용자가 대략 반반씩 부담합니다.

급여 대장 예시 (단위 : 원)

| 기본급 | 수당 | 비과세 소득 | 과세 소득 | 공제액 | | | | | | 차인 지급액 |
				소득세	지방 소득세	고용 보험료	국민 연금료	건강 보험료	계	
2,000,000	100,000	200,000	2,000,000	19,520	1,950	13,000	90,000	67,000	191,400	1,908,530

참고로 사업자가 아르바이트생 등에게 직접 현금으로 일당을 지급할 때도 있는데, 웬만하면 계좌이체를 하는 것이 좋습니다. 일용직이나 상용직의 구분 없이 급여는 계좌이체로 흔적을 남기

는 것이 좋습니다.

실제로 계좌이체 등 급여를 받았다는 흔적이나 지급근거가 없어서 가산세를 맞는 등 문제가 되는 경우가 있습니다. 계좌이체뿐만 아니라 근로자의 신분증 사본을 반드시 받아야 합니다. 노무비 명세서를 보관하거나 어떤 형태로든 (정해진 양식 없음) 근로 대장, 지급 대장 등을 적어서 관리하는 것이 좋습니다.

2023년 최저임금으로 월급 계산해 보자

2023년도 최저임금이 9,620원으로 결정됐습니다. 2022년도 적용 최저임금보다 460원(5%) 인상된 금액입니다.

세알못 - 그럼 법정 근로시간을 근무하는 근로자의 월 급여는 얼마가 될까요?

택스코디 - 먼저 1주 근무시간을 계산해 봅시다.

- 40시간(법정 근로시간) + 8시간(주휴 시간) = 48시간

그럼 한 달 근무시간을 계산해 봅시다.

- 48시간(1주 근로시간) × 4.345주(1개월 평균) = 209시간

이제 월 급여를 계산해 봅시다.

- 209시간 × 9,620원 = 2,010,580원

따라서 한 달 급여액은 2,010,580원이 됩니다.

세알못 - 근무시간은 9시~18시이고, 휴게 시간은 12시~13시, 시급은 9,620원인 근로자로 주 6일 근무합니다. 월 급여를 얼마나 줘야 할까요?

택스코디 - 먼저 1주 근무시간을 계산해 봅시다.

- 8시간(1일 근무시간) × 6일 = 48시간

다음 1주 연장 근로시간을 계산해 봅시다.

- 8시간 (48시간 - 40시간) × 50% (할증) = 4시간

주휴 시간을 계산해 봅시다.

- (40시간 / 40시간) × 8시간 = 8시간

이제 1주 임금을 지급해야 할 총 시간을 계산해 봅시다.

- 48시간(1주 근무시간) + 4시간(연장 근로시간) + 8시간(주휴 시간) = 60시간

한 달 임금을 지급해야 할 시간을 계산해 봅시다.

- 60시간 × 4.345주 = 260.7 시간

마지막으로 월 급여를 계산해 봅시다.

- 261시간 × 9,620원 (2023년 최저 시급) = 2.510,820원

한 달 급여는 2,510,820원이 계산됩니다.

세알못 - 2023년 최저임금이 9,620원으로 확정되었네요. 오전 8시부터 24시까지 근무(휴게 시간은 12시~13시, 19시~20시)하는 일용직 직원의 일당은 얼마인가요?

택스코디 - 먼저 근무시간부터 계산해 봅시다.

알아두면 쓸모 있는 세테크 상식 사전 **사장님 절세법**

- 16시간(8시~24시) − 2시간(휴게 시간) = 14시간

연장근로에 따른 가산 시간을 계산해 봅시다.

- (14시간 − 8시간) × 50%(할증) = 3시간

다음으로 야간근로에 따른 가산 시간을 계산해 봅시다.

- 2시간(22시 이후 근무 한 시간) × 50%(할증) = 1시간

임금을 지급해야 할 총 시간은 다음과 같습니다.

- 14시간(근무시간) + 3시간(연장 근로시간) + 1시간(야간 근로시간) = 18시간

따라서 지급해야 할 일당은 18시간 × 9,620원 = 173,160원이 계산됩니다.

직원 퇴직금
어떻게 준비할까?

1년 이상 근무한 직원이 퇴직할 때 주는 퇴직금은 목돈을 지급해야 하므로 미리 준비해 두는 것이 좋습니다. 과거에는 회사가 자체적으로 보유한 돈에서 퇴직금을 지급했는데, IMF 외환위기 때 기업 부도로 퇴직금을 지급하지 못하는 경우가 많이 발생하여 퇴직금 중간정산이 유행하기도 했습니다. 퇴직금을 받지 못할지도 모른다는 불안감이 형성되었기 때문이죠.

그러나 퇴직금 중간정산제도가 문제가 있었습니다. 은퇴 후 써야 할 퇴직금을 중간에 정산받으니 노후자금 보존이 안 되었기에 국가는 특별한 사유 없이는 퇴직금 중간정산을 하지 못하게 근로자 퇴직급여보장법을 제정하여 퇴직연금제도를 만들었습니다.

법에 따라 2012년 7월 26일 이후 설립된 사업장은 퇴직연금제도를 운영해야 합니다. 퇴직금 지급 재원을 금융기관에 보관해 회사가 지급하지 못할 상황에 대비하고 근로자가 중간정산으로 미리 사용하는 것을 방지하기 위해서입니다.

세알못 - 퇴직연금제도는 무엇인가요?

택스코디 - 퇴직연금에는 DB형(확정급여형)과 DC형(확정기여형)이 있습니다.

직원 편에서 확정급여형은 과거에 운영했던 일시납 퇴직금과 큰 차이가 없습니다. 회사는 한 해 적립해야 하는 퇴직금의 60% 이상을 퇴직연금 운용기관 (은행, 증권, 보험사 등)에 맡겨야 합니다. 퇴직연금 운용 주체는 회사이고 퇴직연금 투자성과도 회사가 갖습니다.

한편 직원은 퇴직금 일부가 금융기관에 보관되므로 퇴직금 관리에 신경 쓸 필요가 없습니다. 임금이 매년 꼬박꼬박 오른다면 확정급여형이 유리합니다.

확정기여형은 매년 퇴직금을 중간정산하는 것과 유사합니다. 회사는 1년마다 근로자의 퇴직금을 산정해 근로자의 퇴직연금 통장으로 지급합니다. 원칙적으로 1년 단위로 정산된 100%의 퇴직금을 금융기관에 불입해야 합니다.

퇴직금 운용 주체는 근로자이기에 잘 투자한다면 확정급여형으로 받는 것보다 나을 수도 있습니다. 직원 편에서는 임금 인상이 거의 없을 때는 확정기여형이 유리할 수 있습니다.

가령 현재 급여가 300만 원이고, 매년 100만 원씩 급여가 인상된다고 가정하여 3년 치 퇴직금을 계산하면.

- 확정급여형 선택 시 퇴직금 - 500만 원 (최종 퇴직 시 급여) × 3년 (근속연수) = 1,500만 원

- 확정기여형 선택 시 퇴직금 - 매년 한 달 급여를 더한 금액 = 300만 원 + 400만 원 + 500만 원 = 1,200만 원

위를 보아 알 수 있듯이 퇴직금은 퇴직 직전 90일의 평균 임금으로 산정되기에 급여상승률이 높다면 회사 편에선 확정기여형을 선택하는 것이 유리합니다. 어떤 방법이든 퇴직금을 매년 적립하여 직원이 퇴직 시 목돈이 나가면서 회사가 자금 압박을 받지 않도록 준비하는 자세가 필요합니다.

알아두면 쓸모 있는 세테크 상식 사전 **사장님 절세법**

4대 보험은
의무가입
사항이다

4대 보험 기본원칙, 꼭 외우자

직원을 채용하면 4대 보험, 지급명세서제출, 원천징수신고, 연말정산, 퇴직금 지급 등 인건비 관련 업무는 지속해서 생기고 해당 업무를 제대로 처리하지 않으면 문제가 생길 수 있습니다. 인건비를 비용으로 처리하지 못하게 되거나 가산세·과태료가 부과될 수 있습니다. 그리고 매월 15일에는 고용·산재보험 근로 내용 확인 신고를 해야 합니다.

4대 보험: 노령, 질병, 장애 및 실업 등으로부터 국민을 보호하기 위해 국가가 가입을 의무화하는 사회보장제도

우리나라의 사회보험제도에는 크게 연금보험, 건강보험, 고용보험, 산재보험이 있습니다. 이 4개의 보험을 편의상 4대 보험이

라고 부르고 있습니다.

1인 이상의 근로자가 있는 사업장은 4대 보험 가입대상으로, 이에 속하는 사업주와 근로자는 보험료를 내야 할 의무가 있습니다. (근로시간이 월 60시간 미만인 근로자는 예외)

세알못 – 직원이 수습 기간입니다. 4대 보험을 들어야 하나요?

택스코디 – 수습 기간에도 엄연히 근로자입니다. 다른 근로자와 마찬가지로 똑같이 근로기준법이 적용됩니다.
4대 보험 신고는 입사일로부터 14일 이내에 해야 하고, 근속연수도 입사일부터 계산해야 합니다. 간혹 수습 기간이 끝나야 4대 보험 신고를 하고, 이때부터 근속기간을 셈하는 사장님들이 있는데, 이것은 위법입니다.

참고로 사장님들이 수습 기간을 두는 이유는 신규로 채용한 직원을 직접 겪어보지 않고서는 잘 뽑았는가를 판단하기 어려워서입니다. 3개월 정도 일하는 것을 지켜보면서 그 직원이 업무를 잘 처리하는지, 특별한 문제는 없는지 확인해 보고 계속 고용할 것인가를 결정할 필요도 있기 때문입니다.

수습 기간이 근로계약 체결 후 업무수행능력을 습득하기 위해 일정한 연수 기간을 정한 것에 불과하다면 일반 근로자와 동일하게 해고 사유가 엄격하게 적용됩니다. 그러나 수습 기간이 일정 기간 시험 삼아 사용하면서 그 기간 중 직원으로서의 직업 적성이나 업무 능력을 평가하는 기간이라면 해고 사유를 보다 넓게 인정받을 수 있습니다.

근로계약서에 '수습 기간 중 업무 적격성이 부족하다고 판단될 경우 본채용을 거부하고 근로계약을 해지할 수 있다.' 이와 같은 내용을 적어두었다면 그 수습 기간은 사용 기간으로 볼 수 있는 것입니다. 사용을 의미하는 수습 기간은 특별한 목적에 따라 두는 기간이라는 점에서 근로 기간과 좀 다르다고 판단하기 때문입니다.

4대 보험,
직원과 사장님
얼마나 부담하나?

2022년 7월부터 고용보험 요율, 국민연금 소득월액에 변동 사항이 있어 4대 보험 부담이 또 증가 되었습니다.

- 고용보험 실업급여 요율: 기존 1.6%에서 1.8%로 인상 (2022년 7월부터)

- 국민연금 기준소득월액 인상: 기존 최저 33만 원, 최고 524만 원 → 변경 최저 35만 원, 최고 553만 원 (2022년 7월부터)

구분	계	국민연금 9%	건강보험 (장기요양) 6.99%(12.27%)	고용 보험	산재 보험
근로자	약 9.4%	4.5%	3.495% (건강보험의 12.27%)	0.9%	

사업주	약 10.5%	4.5%	3.495% (건강보험의 12.27%)	1.15%	업종별 상이
소득월액 (보수월액)	상한 (최고)	553만 원	104,536,481원		
	하한 (최저)	35만 원	272,256원		

2023년 건강보험 요율 종전 6.99%에서 7.09%로 인상 예정

4대 보험 요율

구분	보험 요율	근로자	사용자(사업주)
국민연금	기준소득월액의 9%	4.5%	4.5%
건강보험	보수월액의 6.99%	3.495%	3.495%
고용보험		보수월액의 0.9%	보수월액의 0.9%
산재보험	업종에 따라 차이 있으며 사업주 전액 부담		
장기요양보험	건강보험료의 12.27%	근로자 부담 50%	사업주 부담 50%

국민연금: 기준소득월액 × 연금보험요율

전년도 급여를 기준으로 다음 해 7월부터 기준소득월액이 변경되고 바뀐 소득월액이 1년간(7월~다음 해 6월) 적용됩니다.

회사와 근로자 간 실제 급여를 기준으로 연금보험료를 공제한다면, 더 내거나 덜 내는 문제로 근로자와의 마찰이 발생할 수 있습니다. (연금보험료는 기본적으로 정산하지 않습니다. 다만 소득월액 변경신고 등 일부 예외적인 경우는 정산합니다)

건강보험: 보수월액 × 건강보험요율

보수월액 기준으로 건강보험료를 납부하다 퇴사 시 또는 다음 해 4월 (전년도 급여 기준) 정산합니다. 간혹 회사와 근로자 간 실급여를 기준으로 건강보험료를 공제하는 때가 있는데, 향후 퇴사 시 정산하지 않는다면 큰 차이는 없습니다.

고용보험: 과세급여 × 고용보험요율

실제 급여를 기준으로 공제하며, 정산은 회사와 근로복지공단이 알아서 합니다.

4대 보험 사업장
성립 신고 절차는
어떻게 되나?

직원을 채용 직후 처리해야 할 또 다른 업무는 바로 사업장의 4대 보험 사업장 성립 신고와 동시에 4대 보험 취득신고입니다. 4대 보험 사업장 성립 신고라는 것은 '우리 회사는 이제부터 4대 보험을 납부하는 회사가 되겠습니다'라고 신고하는 것이고, 취득신고는 '우리 회사에서 4대 보험에 가입할 사람입니다'라고 신고하는 것입니다.

세알못 - 4대 보험 사업장 성립 신고, 취득신고 절차는 어떻게 되나요?

택스코디 - 다음과 같습니다.

4대 보험정보연계센터 사이트(4insure.or.kr) → 민원신고 → 사업자 업무 → 성립 → 작성 및 저장

국민연금은 당연적용사업장 해당 신고서, 건강보험은 사업장 적용 신고서, 고용·산재보험은 보험관계 성립 신고서로 이름이 전부 다릅니다. 그러나 결국 이 신고서를 모두 사업장 성립 신고서를 위한 서류들이니 전부 작성해 제출해야 합니다. 성립신고서 작성을 끝내고 저장을 눌렀다면, 다음 취득신고 단계로 넘어갑시다.

4대 보험정보연계센터 사이트(4insure.or.kr) → 민원신고 → 가입자업무 → 자격 취득 → 작성 및 저장

1. 국민연금: 가입자의 정보를 입력합니다. 자격취득일은 입사일을 입력하고, 월 소득액은 비과세 식대, 비과세 차량 운전 보조금을 제외한 월 급여를 입력합니다.

국민연금 취득 신고서를 작성할 때 취득월 납부 여부는 보통 1일 취득이 아닌 경우, 취득일이 해당하는 달에는 국민연금을 납부할지 선택하는 것입니다. (납부하지 않아도 불이익은 없습니다)

다음 칸의 특수직종부호는 해당 근로자가 광업 종사자라면 광

원, 어선에서 직접 어로작업에 종사한다면 부원을 적고, 그 외에는 '해당 없음'에 표기합니다.

마지막 칸의 직역연금 부호는 공적연금 가입자일 경우 체크하는 것으로, 일반적으로 '해당 없음'을 체크하면 됩니다.

주의할 점은 18세 미만, 60세 이상에 해당하는 사람은 국민연금 가입을 제한하고 있습니다. 다만, 18세 미만의 경우에는 본인이 희망을 원하고 사용자(회사 대표)가 동의하는 경우에만 접수일로 가입할 수 있습니다.

2. 건강보험: 건강보험은 자격취득부호에 유의해서 취득신고를 합시다.

00	최초 취득	처음 직장가입자로 가입하는 경우
04	의료급여 해제	기초생활보장수급자 및 기타 의료급여 수급권자에서 제외된 경우
05	직장가입자 변경(상실)	다른 회사에서 이직한 경우
06	직장피부양자 상실	다른 가족이 건강보험료를 납부했고 그 가족의 피부양자였다가 제외됐을 경우
07	지역가입자에서 변경	지역가입자로 건강보험료를 내다가 취직한 경우
29	직장가입자 이중자격	다른 회사의 근로자로 있는 경우

건강보험에 취득부호는 이처럼 구분되지만, 실무적으로 00 부호를 사용해도 무방합니다.

3. 고용보험: 1주 소정 근로시간은 근로계약서에 작성된 근로시간을 기준으로 1주일로 계산해 기재합니다. 일반적인 1일 소정 근로시간이 8시간이고, 주로 환산하면 40시간입니다.

한편 입력하는 부분 밑의 조항은 실제 근로자가 아닌 사람이 고용보험에 가입하는 것을 막기 위한 것으로, 근로자가 동거친족일 때 실제로 근무한다는 입증이 필요하다는 일종의 경고입니다. 이 사례에 해당할 경우 문의하면 근로복지공단에서 입증을 위한 대략 20장 이상의 서류 제출을 요구할 것입니다. 참고로 해당 경고는 산재보험에도 똑같이 들어가 있습니다.

4. 산재보험: 산재보험 취득 신고서는 고용보험 취득 신고서와 양식이 같으므로 그대로 기재하면 됩니다.

저장 → 전송 (신고서 제출)

제출한 서류는 민원신고 → 민원처리현황 조회 메뉴를 통해 확인 가능합니다.

건강보험료 폭탄,
피할 수 없나?

개인사업자는 세금뿐만 아니라 4대 보험에 대한 의무도 있으므로 해당 보험료 부담도 함께 알아두어야 합니다.

물론 직원들의 인건비 신고에 따른 보험료 부담도 신경 써야 하지만, 사업자 본인의 보험료도 연 단위의 정산과정에서 큰 부담이 될 수 있어 주의해야 합니다.

예를 들어 건강보험은 5월에 종합소득세 신고를 하고 나면 사업자가 건강보험공단에 종합소득금액으로 보수총액신고를 하고, 공단에서는 그 금액을 기준으로 부과할 건강보험료를 책정합니다. 이 경우 월별 건강보험료 산정 기준이 달라지는 상황이 됩니다. 2023년 기준으로 보면 1~5월 건강보험료는 2021년 소득을 기준으로 부과됐고, 6~12월 건강보험료는 5월에 신고한 2022년 소득으로 부과되는 것입니다.

이에 따라 매년 종합소득세 신고가 끝난 후 6월이 되면 이미 낸 보험료를 정산하는 절차를 거치게 됩니다. 해마다 소득이 오르는 경우 앞서 적게 낸 보험료를 몰아서 한 번에 부과받게 됩니다. 6월에 정산한 보험료는 7월이나 8월에 부과되는데, 이때 사업자들이 보험료 폭탄을 맞게 될 수도 있습니다.

물론 건강보험료는 10개월 분할납부도 가능하지만, 종합소득세를 신고할 때부터 전년도 대비 소득증가분에 따른 건강보험료 정산에 대해서도 자금관리를 통해 대비해두는 것이 좋습니다.

세알못 - 식당을 운영 중입니다. 최근 장사가 너무 안되어서 직원 인건비라도 아끼자는 마음에 직원 모두를 해고했습니다. 1인 자영업자가 된 것입니다. 그런데 몇 달 후에 건강보험료 고지서를 받아보고는 깜짝 놀랐습니다. 월 40만 원이던 건강보험료가 60만 원으로 크게 늘었기 때문입니다. 장사가 안 되서 수입은 줄었는데 건강보험료는 왜 올랐을까요?

택스코디 - 직원이 있을 때는 건강보험료가 직장가입자이지만, 직원이 없을 때는 지역가입자로 전환되기 때문입니다. 지역가입자가 되면 자신이 소유한 주택과 차량 등을 기준으로 건강보험료가 인상됩니다.

지역가입자 건강보험료는 지난해 소득증가율 (이자·배당·사업·근로소득, 주택임대소득 등)과 올해 재산과표 증가율 (건물·주택·토지 등)을 반영해 재계산되어, 매년 11월분 지역 건강보험료부터 새 부과기준이 1년간 적용됩니다.

반면 직장가입자 건강보험료는 소득에만 부과합니다. 하지만 지역가입자는 소득뿐 아니라 재산, 자동차에 부과하는 점수를 합산해서 매깁니다. 따라서 소득과 재산이 많아졌다면 지역가입자의 건강보험료도 오르게 됩니다.

특히 고가 아파트를 갖고 있으면서 공시가격이 많이 오른 지역가입자는 건강보험료 인상은 불가피합니다. 다만 집 한 채 가진 은퇴자도 올해 집값 급등으로 '건보료 폭탄'을 맞을 우려가 있다는 지적을 반영, 보건복지부가 2021년 11월부터 지역가입자의 재산 건보료를 매길 때 500만 원을 추가로 공제하기로 했습니다. 지금은 재산공제 금액이 500만~1200만 원인데, 11월부터 최대 500만 원까지 추가로 확대 공제한 뒤 건강보험료를 매긴다는 얘기입니다.

한편 11월분 건강보험료는 12월 10일까지 납부해야 합니다. 휴·폐업 등으로 소득이 줄었거나 재산을 매각한 경우에는 퇴직·해촉증명서, 소득금액증명원, 등기부 등본 등 서류를 준비해 가까운 공단지사에 조정신청을 하면 보험료를 조정 받을 수 있습니다.

참고로 지역가입자의 건강보험료 과다 청구로 인한 민원으로 자동차에 대해서는 9년 이상 된 노후 차와 생계용 영업차는 건강보험료가 면제됩니다. 2022년 7월부터는 4,000만 원 미만 자동차를 비롯해 재산 규모와 상관없이 5,000만 원 이하 재산은 건강보험료가 면제됩니다.

현재 건강보험료의 산정기준으로는 자영업자의 경우 세알못 씨의 사례처럼 1인 사업장이 되면 오히려 높은 건강보험료가 부과될 수 있으니 주의가 필요합니다.

자영업자도 실업급여를 받을 수 있다

세알못 - 고용보험에 가입하면 자영업자도 실업급여를 받을 수 있나요?

택스코디 - 4대 보험에 가입한 직장인이라면 계약 기간 종료나 인원 감축 등으로 인해 불가피하게 퇴사했을 시에 '실업급여'를 받을 수 있습니다. 갑자기 직업을 잃으면 생활이 불안정해지므로 나라에서 일정 기간 내 고용보험을 통해 급여를 지급하면서 안정적인 생활과 재취업을 돕는 거죠. 이런 목적에서 지급하는 실업급여를 자영업자도 받을 수 있습니다. 사업을 운영하면서 자영업자가 '자영업자 고용보험'에 가입했다면 불가피하게 폐업을 하게 됐을 시 퇴사한 직장인처럼 실업급여를 받을 수도 있습니다.

세알못 - 어디에서 신청하면 되나요?

택스코디 - 현재 거주하고 있는 고용센터에 방문해 신청할 수 있습니다. 고용보험 홈페이지에서도 온라인으로 신청할 수 있으며 궁금한 사항이 있다면 고용센터(국번 없이 1350)에 전화해 자세히 알아볼 수 있습니다.

본인 명의의 사업자등록증을 소지하고 50인 미만의 직원을 고용한 자영업자라면 실업급여를 받을 수 있습니다. 고용보험에 1년 이상 가입되어 있고 질병이나 소득 적자의 불가피한 이유로 폐업한 경우에 실업급여 신청이 가능합니다. 단 부동산임대업, 5인 미만 농림어업 등의 사업자는 고용보험에 가입할 수 없으므로 제외합니다.

실업급여를 받기 위해서는 경영 적자가 6개월 이상 누적되거나 3개월 평균 매출액이 전년도 같은 기간보다 20% 감소하는 등 경영난이 입증되면 실업급여를 받을 수 있습니다.

자영업자 고용보험 가입은 지난 2012년부터 적용되었으며, 이에 따라 자유의사에 따라 보험 가입이 가능합니다.

월 소득에 따른 예상 실업급여액

기준등급	월 소득	월 고용보험료	월 실업급여
1등급	182만 원	40,950원	91만 원
2등급	208만 원	46,800원	104만 원
3등급	234만 원	52,650원	117만 원
4등급	260만 원	58,500원	130만 원
5등급	286만 원	64,350원	143만 원

알아두면 쓸모 있는 세테크 상식 사전 **사장님 절세법**

6등급	312만 원	70,200원	156만 원
7등급	338만 원	76,050원	169만 원

지원금액과 지급 일수는 폐업을 하기 전 고용보험을 얼마나 납부했는지에 따라 달라집니다. 고용노동부에서는 월 소득에 따라 참고용으로 등급을 나눴습니다. 위 표에서 고용노동부가 고시한 기준보수 등급 중 희망하는 등급을 선택해 1년 이상 냈다면 해당 등급에 따른 실업급여를 받을 수 있습니다. 1년 이상 3년 미만은 4개월, 3년 이상 5년 미만은 5개월, 5년 이상 10년 미만은 6개월, 10년 이상은 7개월 동안 지원금액을 받게 됩니다.

고용노동부의 실업급여액 선정표에 따르면 자영업자가 3등급을 선택해 1년 동안 매월 5만2650원을 냈을 경우, 폐업 후 4개월까지 월마다 117만 원을 받게 됩니다.

폐업 후 실업급여를 받지 않고 곧바로 취업한다면 기존 자영업자 고용보험 가입 기간과 근로자 고용보험 기간을 합산해주기 때문에 추후 직장을 퇴사하게 되더라도 실업급여를 받을 수 있습니다.

참고로 1년 이상 2년 미만은 1회 이상, 2년 이상 3년 미만은 2회 이상, 3년 이상은 3회 이상 고용보험료가 체납되면 실업급여

를 받을 수 없습니다. 다만 실업급여가 인정되기 전까지 연체금을

전액 낸 경우라면 받을 수 있습니다.